ROBIN NORWOOD, terapeuta, experta en problemas de pareja, familia y niños, es autora de varios libros.

Su best seller *Las mujeres que aman demasiado*, publicado en los distintos sellos de Ediciones B, sigue siendo hoy tan vigente como hace dos décadas, y existen grupos de autoayuda que lo utilizan como inspiración y bibliografía.

También es autora de los libros *Meditaciones para mujeres que aman demasiado* y *Cartas de mujeres que aman demasiado.*

Título original: *Why me? Why this? Why now?*
Traducción: Edith Zilli
1.ª edición: abril, 2016

para el sello B de Bolsillo
Consell de Cent, 425-427 - 08009 Barcelona (España)
www.edicionesb.com

Printed in Spain
ISBN: 978-84-9070-212-3
DL B 4568-2016

Impreso por NOVOPRINT
Energía, 53
08740 Sant Andreu de la Barca - Barcelona

¿Por qué a mí?

ROBIN NORWOOD

Este libro está dedicado con gratitud
a todos mis maestros

Índice

Agradecimientos

Casi todos los libros y sus autores, como casi todos los bebés y sus madres, se benefician mucho con una ayuda especializada durante el proceso del nacimiento. Tres mujeres contribuyeron en gran medida al surgimiento de este libro. Susan Schulman, agente literaria, creyó en el mensaje del libro y halló en Carol Southern a la editora perfecta para que ese mensaje se comunicara con claridad. Carol, a su vez, empleó sus muy considerables dotes editoriales para asegurar que el texto proporcionara al lector una guía, en vez de un laberinto confuso. Y Robin Matthews transformó alegremente y con destreza mis resmas de material manuscrito en páginas perfectas, sin dejar de hacer comentarios alentadores sobre el trabajo en marcha.

Por la inestimable ayuda en el «alumbramiento», mi más profundo agradecimiento a cada uno de vosotros.

TODO PROBLEMA ES UNA TAREA
IDEADA POR TU ALMA.

Introducción

¿Por qué a mí? ¿Por qué esto? ¿Por qué ahora? ¿Quién de nosotros no se ha visto impulsado, en tiempos difíciles, a exigir respuestas a estas preguntas? Analizamos nuestro corazón. Interpelamos a la vida. Despotricamos contra Dios. Protestamos ante quien quiera escucharnos. Y las respuestas que obtenemos, vagos paliativos generalizados que no se aproximan en absoluto a nuestro dolor y nuestra frustración personal, suenan vacuas, impersonales y hasta enfurecedoras.

«El tiempo lo cura todo.»

«Ahora estás alterado, pero ya lo superarás.»

«Es la voluntad de Dios y hay que aceptarla.»

«Es el destino.»

«Son cosas que pasan.»

Tal vez el consejo más difícil de seguir, cuando nos abruma una dificultad, es: «Trata de no pensar mucho en eso. Pensando en ello no consigues sino sentirte peor.»

Palabras ofrecidas por amigos bienintencionados, inermes ante nuestra aflicción, que nos dejan varados e inquietos en los bajíos de lo que ha salido mal, muy mal. Nos arrastramos con fatiga por los dolorosos detalles de nuestra vida hasta que, al fin, acabamos por descubrir que el tiempo cura muchas cosas, después de todo, aunque el dolor y el sufrimiento nos hayan dejado profundas e indelebles huellas en el corazón.

Aun así, las preguntas que una vez formulamos, en silencio o a gritos, permanecen sin respuesta. Cuando llegan momentos más felices se esfuma nuestra necesidad de respuesta... hasta que volvemos a enfrentarnos a la adversidad.

¿Por qué a mí? ¿Por qué esto? ¿Por qué ahora? Como terapeuta, oía estas preguntas con frecuencia y cavilaba sobre el carácter de los problemas que tenían mis clientes y la oportunidad en que se presentaban. Muchas veces yo misma he formulado esas preguntas, en el curso de una vida que ha tenido su cuota de dificultades. Pero cuando mis propios problemas pesaban mucho, mis emociones me impedían investigar objetivamente preguntas que, en verdad, eran muy profundas y tenían implicaciones enormes. Y cuando la vida era buena me sentía demasiado satisfecha como para tomarme el trabajo.

Buena parecía la vida, por cierto, tras la publicación de mi primer libro: *Las mujeres que aman demasiado.* Estaba casada con un hombre inteligente y triunfador, que apoyaba mi trabajo.

Ejercía con éxito mi profesión de psicoterapeuta, era la autora de un libro muy vendido y una autoridad internacional sobre la adicción a las relaciones. Había sido capaz de tomar todo el dolor de años de fracasos con los hombres y el amor y, con la ayuda de un programa espiritual, pude rescatar la sabiduría que me salvó la vida. Estaba ayudando a las mujeres de todas partes a hacer otro tanto por sí mismas. Era una época de gratitud por mi propia recuperación y de orgullo por lo que estaba logrando en el mundo. Pero ese estado no duraría mucho tiempo más.

Un día, en el otoño de 1986, cuando regresaba en avión de California, tras una conferencia, entablé una conversación casual con la mujer sentada a mi lado. Mientras charlábamos, súbitamente me miró con atención.

—¿Qué edad tiene usted? —preguntó, con voz distinta.

—En julio voy a cumplir cuarenta y dos —respondí.

Ella asintió con lentos movimientos de cabeza, sin dejar de mirarme atentamente.

—En el año próximo cambiará toda su vida —me informó, solemne.

Eso me divirtió.

—No, no, usted no comprende. Ya ha cambiado —le dije—. Todo me fue siempre muy difícil, pero ahora todo es perfecto. —Sonriente, le conté lo lejos que había llegado en unos pocos años—. Ahora tengo un esposo buenísimo y estoy triunfando de verdad, por primera vez en mi vida. Todo es absolutamente perfecto —repetí con orgullo.

—Todo eso va a cambiar —replicó ella—. Todo se irá. —Y agregó, a modo de explicación—: Tengo un don, ¿sabe usted? Veo cosas.

En ese momento llegó una azafata con la cena y la conversación jamás volvió al tema de mi futuro. Pero resultó que ella tenía toda la razón.

Por abril yo estaba en trámites de divorcio, ya no trabajaba como terapeuta y, si bien no lo sabía aún, estaba gravemente enferma y me moría lentamente.

El divorcio fue idea mía; por entonces mi única explicación fue que el matrimonio ya no era honesto para mí. Me descubría fingiendo en todo momento ser la persona feliz que me creía obligada a ser. Cada día que mantuviera esa comedia significaba vivir una mentira y eso debía cesar. Pero interrumpirlo, ¿no era defraudar a todas las mujeres que leían mis libros y me creían feliz por siempre jamás con un buen hombre, después de haberme recuperado de mi adicción a las relaciones? Sentí que había fallado ante mis lectoras.

Abandonar la carrera también fue idea mía. Después de haberla amado profundamente durante años, la pasión había desaparecido por completo; ése era otro aspecto de mi vida que ya no era honesto. Mi visión de la realidad cambiaba en forma radical; había verdades más profundas que deseaba buscar, verdades que me estaban llevando mucho más allá de la práctica de la terapia.

Lo de morir... bueno, supongo que, en cierto modo, también fue idea mía. Desde hacía varios meses, mi cuerpo luchaba contra una furiosa infección que, sin causarme grandes dolores, me debilitaba mucho. Yo me decía que ese decaimiento se debía a una gripe rebelde y que no valía la pena consultar al médico. Aunque a veces me costaba atravesar una habitación, es obvio que no deseaba enterarme de lo enferma que estaba. Tal vez pensaba en mi subconsciente que, si moría, mis lectoras defraudadas podrían perdonarme.

Cuando terminé mi segundo libro, que contenía mis palabras finales sobre la adicción a las relaciones, consideré que había hecho por mis lectoras todo lo posible. Ya bastante dolorida, me interné en el hospital. Por entonces mi amiga más íntima había desaparecido de mi vida y mis hijos ya no vivían conmigo. Como no encontraba consuelo en ninguna parte, no hablé de mi estado con nadie. No sentía el menor miedo a la muerte; sólo muchísimo cansancio, demasiado para continuar. Estaba sola y quería acabar.

A la mañana siguiente, mientras me llevaban al quirófano, me concentré en esas pocas personas que aún no había podido perdonar y bendecir del todo. Me esforcé por hacerlo, pero eso tampoco era del todo honesto; me encontraba demasiado débil y cansada para mentir, aunque fuera ante mí misma. Por eso, profundamente desilusionada de mí misma y de mi vida, me deslicé en la anestesia.

Mi desencanto fue aún mayor cuando desperté, después de la operación. Mi primer pensamiento fue: «¡Oh, no! Todavía estoy aquí. ¿Y qué voy a hacer en los próximos cuarenta y dos años?» Más tarde el anestesista me informó, con alegría, que todas las enfermeras del quirófano habían leído mis libros y rezaron para que yo saliera bien; entonces pensé, desagradecida: «¿Por qué tuvieron que entrometerse?» Toda una vida había llegado a su fin. ¿Por qué, pues, no se me permitía partir?

Lo más duro era, quizá, la sensación de estar formulando mis preguntas a un vacío. En los siete años anteriores había practicado un programa de recuperación de la adicción a las relaciones, basado en los mismos principios utilizados por los miembros de Alcohólicos Anónimos, y experimenté una y otra vez el consuelo y la guía de un Poder Superior. Ahora era como si una puerta se hubiera cerrado, dejándome al otro lado sin nada que me guiara, salvo esa misma exigencia incómoda de honestidad personal que ya me había costado la mayor parte de mi identidad. Me sentía, alternativamente, tratada como juguete, abandonada y traicionada; no comprendía aún que Dios es siempre incognoscible y que, según nos acercamos a Él, se va alejando, y nos incita a subir más y más, en tanto que buscamos y tratamos de seguirlo.

A mi convalecencia siguió un período de seis años que, a fin de cuentas, serían de aislamiento y reflexión. Al principio andaba a tontas y a locas, trataba de hallar algo que hacer, algo que diera a mi vida sentido y finalidad. Pero todos mis planes se frustraban, grandes o pequeños. Los días se estiraban, largos y vacíos, y me acosaban los remordimientos por mi inactividad.

Lo único que me interesaba era leer libros sobre temas esotéricos, en los que hasta entonces nunca había pensado siquiera: astrología, quiromancia, tarot y curaciones. Siempre había creído en la reencarnación, pero ahora buscaba una comprensión más profunda de los conceptos espirituales correspondientes. Mi casa comenzó a llenarse de libros sobre el aura humana, los diversos planos del campo energético humano, los cuerpos sutiles que impregnan el cuerpo físico, los chakras o torbellinos de energía que alimentan estos cuerpos sutiles, las formas de pensamiento, la curación psíquica, el proceso del morir, etcétera.

Me descubrí sedienta de las obras profundamente esotéricas de Alice Bailey, una teósofa que sirvió como amanuense o canal para un maestro tibetano, desde principios de la década de 1920 hasta los años cincuenta. Mi primer contacto con estas escrituras fue el *Tratado del fuego cósmico*, especialmente inescrutable, con el que tropecé en la sección de Religión de la biblioteca pública. Aunque el libro me resultó casi incomprensible, experimenté la mayor confianza en este Maestro de la Sabiduría, conocido simplemente como El Tibetano, y comencé a estudiar los más de veinte volúmenes que había dictado a Bailey. Descubrí que mis jornadas vacías se iban llenando, a medida que me sumergía en esos estudios que me alimentaban como ninguna otra cosa habría podido hacerlo.

Durante ese período sentí la necesidad de protegerme de influencias exteriores. La soledad se me hizo tan necesaria como el aire. Tras haber vivido diez años sin televisor, empecé a evitar también la radio, las revistas y los diarios, aislándome hasta donde era posible de las distorsiones y los conceptos errados que constituyen nuestra visión cultural compartida de la realidad. Evitaba con asiduidad todo lo que pudiera distraerme: los hombres, las fiestas, las reuniones sociales, el alcohol, la cafeína y el azúcar.

Mis dos hijos, ya adultos, se mostraban solidarios e interesados por los temas que ahora me consumían. Y gradualmente fueron apareciendo, una a una, mujeres que estaban dedicadas a búsquedas compatibles con las mías. Como refugiadas de una tierra lejana, descubrimos que compartíamos un mismo lenguaje y una misma perspectiva; así floreció un puñado de ricas amistades.

A veces, cuando describo este período de aislamiento y reflexión, la gente reacciona con envidia, ya que imaginan que debió de ser un idilio apacible y bienaventurado. En realidad, se parecía más a una tortura diaria. Me quedaba quieta y evitaba las distracciones a las que suelen recurrir las personas de esta cultura, porque no tenía alternativa. Ninguna de esas distracciones me daba ya resultado. Por la resaca que me dejaban, su empleo era demasiado caro. Aun así, sobre todo en los primeros años, vivía sin sosiego, preocupada, consumida por la necesidad de saber adónde iba (si acaso tenía rumbo) y cuál era mi finalidad (si acaso existía). Aún no me daba cuenta de que por fin disponía de tiempo, desapego, objetividad y motivación para explorar la naturaleza, la oportunidad y el propósito de la adversidad. Estaba en libertad de investigar lo que he llegado a denominar el «¿POR QUÉ?» escondido detrás del «¿por qué?».

Hoy comprendo que mis estudios en el reino de lo esotérico son resultado directo de mi trabajo en el campo de las adicciones. Yo había dedicado muchos años a explorar a fondo la adicción a las relaciones y su recuperación, rastreando sus orígenes a malos patrones de vinculación, por lo general aprendidos durante el crecimiento dentro de una familia disfuncional. Estos patrones se acarreaban hasta la vida adulta y se repetían inconscientemente en parejas que permitieran representar de nuevo los viejos dramas experimentados en la infancia.

Pero ahora deseaba saber por qué esas mujeres (y esos hombres) habían nacido en una familia disfuncional. ¿Por qué un bebé nace en un ambiente saludable y óptimo, mientras que otro viene a la vida enfrentado a condiciones que no pueden dejar de traumatizarlo? ¿Por qué las condiciones de la vida (la calidad de nuestros padres, la salud, la inteligencia, la situación económica) se reparten de modo tan poco equitativo? ¿Somos víctimas fortuitas de una Loca Cabalgata Universal? ¿O tenemos destinos que, de algún modo ordenado, se ajustan a un Plan General? Y si tal es nuestro destino, ¿cómo podemos intuir su dirección y aprovechar ese conocimiento?

Por fin estaba explorando a fondo lo que siempre había tenido por objetivo real y correcto de la psicología: el estudio (-logia) del alma (psiquis). Empezaba a comprender que cada uno nace con un «paquete de energía» específico, trazado en la palma de la mano y representado en el horóscopo: una estructura energética básica que nos hace tener cierto tipo de encuentros y experiencias en ciertos momentos, según se desarrolla la vida.

Entusiasmada, busqué a varios psíquicos y curanderos y estudié con ellos, para que me enseñaran a percibir las energías sutiles que componen este paquete y a trabajar con ellas. Practiqué con otros discípulos, leyendo e interactuando con sus campos energéticos (o auras) a fin de facilitar diversos tipos de curación. Conocí a otros que, como yo, nunca se habían creído psíquicos. Sin embargo, juntos lográbamos algunas cosas extraordinarias y compartíamos algunos descubrimientos extraordinarios, que contribuían mucho a mi entendimiento.

Gradualmente, según mi visión del mundo sufría este profundo cambio paradigmático, las múltiples y variadas experiencias de mi vida formaban un esquema y cobraban significado. Abandoné esa visión de mí misma y de los demás en una cinta que se desplegaba, estirándose desde el nacimiento hasta la muerte, marcada en el trayecto por diversos hechos, felices o desdichados, bienvenidos o temibles. Más bien, empezaba a intuir que un vasto fondo de temas evolucionarios operaba en cada vida individual. Mi comprensión era, a un tiempo, objetiva y subjetiva. Tras haber trabajado tantas veces con personas que se sentían perdidas y solas, tras haberme sentido así yo misma durante buena parte de mi vida, de pronto los estudios me ponían en las manos un mapa que, además de describir el territorio circundante, exhibían también la vital flecha roja orientadora que indica: «Tú estás aquí.» Veía mi lugar y mi finalidad en el Universo, reconocía mis defectos, fracasos y frustraciones como necesidades, como dones que eran. Esta comprensión más profunda del esquema general y mi contribución a él me proporcionaron lo que no había conseguido con tanta dedicación a la psicología y su énfasis en «solucionar» el problema: me devolvió a mí misma. Y me permitió comprender el propósito del sufrimiento.

En este libro te ofrezco lo que me han enseñado esos años de intensos estudios, reflexión y atención a las energías sutiles, con respecto a los dones de la adversidad. El hecho de que te hayas sentido atraído por este libro en este momento significa que tú también estás sufriendo el mismo cambio paradigmático que yo sufrí. Como Colón, cuando acumulaba evidencias de que el mundo no era plano, sino redondo, puedes estar reuniendo experiencias y percepciones que van provocando una revisión igualmente drástica de tu visión del mundo. Tu emergente comprensión de dimensiones nuevas puede requerir otro tipo de mapa, que permita y refleje esta perspectiva cambiada.

Es deliberado que muchos de los relatos aquí incluidos, sobre hombres y mujeres que lucharon con diversos tipos de problemas, incluyan estas experiencias y percepciones paranormales de la gente. A medida que el clima cultural expande su aceptación de tales experiencias, cada vez son más las personas que se animan a hablar de ellas. Descubrí que, en cuanto me abría a las dimensiones más sutiles de la realidad, muchos me confiaban espontáneamente sus experiencias personales con lo paranormal. Si en tu vida ha ocurrido este tipo de hechos, en estos relatos encontrarás una confirmación. Si aún no forman parte de tu experiencia, confío en que los leas con tolerancia. El hacerlo bien puede despertarte a esas dimensiones más sutiles de ti mismo, pues según ingresamos en la Nueva Era cada uno amplía sus poderes de percepción. Junto con el reconocimiento de estas dimensiones y acontecimientos, se presenta la posibilidad de comprender muchas cosas que, de otro modo, parecen inexplicables e injustas.

Tal vez algunos de los conceptos aquí explorados te resulten extraños. En ese caso, ten paciencia contigo mismo y con tu entendimiento. Puede serte útil releer el libro pasado algún tiempo. Así notarás lo mucho que se ha profundizado tu comprensión. Este libro, al cambiar tus actitudes y percepciones, puede en verdad cambiar tu vida. Úsalo como guía para descubrir y apreciar tu sitio y tu finalidad únicos; busca dentro de él tu propio mapa personal, con esa flecha roja que te orienta mediante un mensaje afirmativo y tranquilizador: «Estás aquí.»

Quizá te preguntes en qué puede ayudarte esta perspectiva ampliada, en la lucha que sin duda libras con los problemas personales que te llevaron a escoger este libro en este momento especial. Si buscas ayuda y consuelo, ¿por qué ha de ser necesario alterar tu visión del mundo, considerar tus dificultades contra un telón de fondo tan inmenso, que parece irrelevante? La respuesta es sencilla: al hacerlo puedes comprender y, por lo tanto, curar tu dolor y tus heridas psíquicas.

La verdadera curación de cualquier crisis se produce por etapas. Mientras estamos en las garras de nuestra aflicción, nos consuela saber de otros que han sufrido cosas similares; esos relatos nos aseguran que no estamos solos en esa situación ni en nuestra reacción a ella. Bien puede ser que encuentres reflejados aquí, hasta cierto punto, no sólo tus circunstancias, sino tu reacción ante ella.

Después, cuando pasa la crisis emocional aguda, experimentamos la necesidad de hallar sentido a lo que nos ha pasado, relacionándolo con el diseño o la trama general de nuestra vida. Si creemos en un Tejedor, nos preguntamos si Su mano vaciló con la aguja y dejó caer algunas hebras tan irrevocablemente que en el tapiz de nuestra vida ha quedado una falla para siempre. O si acaso se ha añadido algo más rico y profundo, ahora que el diseño tiene una variación inesperada. Pues nunca es el hecho, sino cómo se lo maneja y define, lo que determina su efecto final sobre nosotros, positivo o negativo. Este libro puede serte de utilidad para localizar tus mayores dificultades de modo tal que afloren sus dones, posiblemente invisibles todavía a tu mirada.

Por fin, cuando podemos aprovechar las dificultades que hemos experimentado para ayudar a otros, todo nuestro sufrimiento y nuestras luchas se elevan, se llenan de un propósito y una dignidad que llega a superarnos. Quedan redimidas. Este libro puede ayudarte a comprender el principio esotérico del sacrificio, que tal vez hasta ahora has expresado en forma inconsciente en alguna dimensión importante de tu vida. El principio del sacrificio opera cada vez que nuestros sufrimientos sirven para que otros aprendan algo mejor. Pero el don no está en el sufrimiento, sino en la curación. El desarrollo espiritual y la curación son, en esencia, una misma cosa. Mediante el sufrimiento y la curación ayudamos a iluminar a la humanidad. Nuestra propia tragedia personal, considerada desde esta perspectiva, precipita una comprensión profundizada del verdadero significado y propósito de la existencia individual, entretejiendo nuestra curación personal con la del planeta entero.

¿Qué requiere esta curación de nosotros? Ante todo, la disposición de abrirnos a una visión de la realidad que incluye verdades subjetivas, aún imposibles de probar científicamente, verdades del corazón y del alma. La curación se produce mediante un cambio de conciencia, un cambio de actitud; mediante el perdón a otros y a nosotros mismos, el perdón a la Vida y a Dios. La curación se produce cuando dejamos de creer que nuestras condiciones de vida deberían haber sido otras y nos disponemos a aceptar y, con el tiempo, apreciar lo que tenemos.

Al abrirnos a una visión de la adversidad como sendero hacia la curación, podemos sentir confianza aun en momentos de desesperación. Podemos confiar, no sólo en que el dolor cesará, sino en que nuestro sufrimiento tiene significado, propósito y dignidad. Porque confío en tu curación, en la mía y en la del cuerpo de la humanidad, de la cual cada uno forma parte, ofrezco a tu consideración algunas respuestas posibles a estas preguntas imposibles: ¿Por qué a mí? ¿Por qué esto? ¿Por qué ahora?

1

¿Por qué me ocurre esto?

Joanna, tensa y callada en la camilla de quiropraxia, mantenía la vista fija en el móvil que se bamboleaba encima de ella y giraba empujado por la suave brisa que entraba por la ventana abierta. Yo había descubierto ya algunas cosas sobre esa joven, que entró en el consultorio cojeando con sus muletas, preocupada por un tobillo distendido cuya hinchazón «estaba durando demasiado». Ahora me encontraba sentada a sus pies, con los dedos medios suavemente apoyados en los lados opuestos de su tobillo amoratado y azul.

Esa tarea formaba parte de las que realizaba como asistente de una quiropráctica, a cambio de que ella me atendiera una rodilla que no había respondido al tratamiento médico tradicional. La doctora, reconocida en la zona por sus raras dotes curativas, tenía una clientela variada y empleaba diversos enfoques para aumentar su habilidad de quiropráctica: trabajo de energía, cristales y visualizaciones. Trabajar con ella me brindaba la oportunidad de aprender algo más sobre la medicina no tradicional; era bajo su dirección que ahora estaba aplicando a Joanna un «trabajo de energía».

Moví despacio los dedos por una serie de puntos que la doctora había marcado con lápiz de fibra a cada lado del tobillo y el pie. Mi tarea consistía en buscar los dos pulsos: uno bajo el dedo medio de cada mano, y mantener el contacto hasta que ambos se sincronizaran en ritmo y potencia. Era la técnica que utilizábamos para calmar los espasmos musculares, pero también servía para aliviar zonas de congestión e inflamación causadas por lesiones. A veces los pulsos del paciente se alineaban rápidamente. En otras oportunidades se mostraban reacios. La facilidad con que se afectara la sincronización dependía con frecuencia del estado psicológico del paciente; como los pulsos de Joanna tardaban en responder, abordé el tema de su lesión.

—¿Cómo le ocurrió esto? —pregunté.

Ella giró la cabeza y dejó escapar un suspiro exasperado.

—¡Oh, fue algo tan estúpido! No hice más que cruzar la cocina con calzado de tenis; el pie se me quedó pegado al suelo mientras el resto de mi cuerpo seguía caminando. Y aquí estoy, con muletas por ocho semanas más. —Se le quebró la voz al agregar—: No puedo hacer nada.

—Cuesta aceptar que la vida nos detenga así —comenté, recordando lo mucho que mi rodilla me había enseñado sobre no poder actuar.

Bajo mis dedos, los pulsos de Joanna aún se negaban a coordinarse.

—¿Qué estaría usted haciendo, en estos momentos, si no le hubiera ocurrido esto? —pregunté.

—Normalmente, nada de importancia. Pero me ocurre en tan mal momento... —Otra vez se le quebró la voz.

—¿Es muy inoportuno?

Una pausa. Una mano se levantó para enjugar algunas lágrimas.

—Sí. Peor momento es imposible.

Esperé. Después de darle un pañuelo de papel, pues se había echado a llorar sin disimulo, reanudé mi trabajo. Al cabo de un momento ella continuó:

—Mi madre se está muriendo de cáncer. Y está en casa, porque es lo que prefiere. Pensábamos, ella y yo, que podríamos arreglarnos, con la ayuda de las enfermeras a domicilio. Pero así...

Pasé las manos a otro par de marcas y pregunté:

—¿No hay otra persona que pueda ayudar?

—Bueno, está mi padre, por supuesto, pero ellos nunca se han llevado bien.

—¿Discuten? —pregunté, sin rodeos.

Joanna vaciló sólo un momento.

—En realidad, no. Más bien es uno de esos matrimonios anticuados, en los que el marido sale a trabajar y la esposa se dedica a brindarle un hogar cómodo, sin que él se lo agradezca. Creo que mi madre acabó por cansarse de que no la apreciara y se aisló de él. Es como si vivieran en cajas separadas, sin tocarse, ni física ni emocionalmente.

Volví a mover las manos.

—¿Y qué hace él, ahora que ella está tan enferma?

Una larga pausa. Luego, casi a disgusto:

—Él ayuda. Es decir: la atiende y la cuida. Constantemente le pregunta qué necesita y trata de que esté cómoda.

—¿Y cómo reacciona su madre?

—Durante muchísimo tiempo se negó a pedirle nada. Son una de esas parejas que nunca se dirigen la palabra, ¿comprende usted? Hablan con cualquiera, pero nunca entre sí. De esos que le dicen a una «Dile tal cosa a tu madre» o «Dile a tu padre que...» cuando el otro está allí mismo. Horrible.

Joanna parecía más recuperada al relatar las décadas de guerra fría entre sus padres.

—Cuando mi madre descubrió que tenía cáncer, entonces volvió a dirigirle la palabra. Yo estaba allí, en el hospital. Ella lo miró a la cara y le dijo: «Me muero, Ray.» Él le dijo, llorando: «Deja que te ayude.» Y ella respondió: «No. Me cuidará Joanna.» Y yo lo hice. Yo la atendía, pero... —Llorando otra vez, señaló el tobillo con un gesto—... ahora no puedo.

—No —reconocí—. Pero su padre sí puede, Joanna. Tal vez de eso se trate. Vea usted. —Toqué el móvil que giraba sobre su cabeza—. Imagine que este móvil representa a su familia. Cada miembro de la familia mantiene una posición fija, un papel que crea un delicado equilibrio. La enfermedad de su madre es como una brisa fuerte, que lo sacudió todo. —Soplé con fuerza contra el móvil, que respondió con un tintineo—. Aun así, el equilibrio esencial se hubiera mantenido, pero... —Entonces levanté la mano para desenganchar una de las figuras colgantes del móvil. Al hacerlo, toda la estructura se inclinó para compensar—. Esto es lo que ocurrió con su familia. Esta lesión, Joanna, la apartó de su posición habitual entre sus padres y empujó a esos dos tercos, obligándolos a tratarse. Creo que puede ser una bendición.

El móvil se estabilizó en un ángulo audaz, mientras Joanna suspiraba profundamente.

—Durante todos estos años creí que la culpa era de papá. Siempre me puse de parte de ella. Pero ahora he visto cómo lo castigaba cuando él trataba de ayudarla, tanto en el hospital como en casa. Nada de lo que él hacía le parecía bien. Y él no cejaba. Eso me asombró. Y por fin ella se ablandó un poco. Ahora, cuando voy a visitarla, papá nos atiende a las dos, nos hace bromas y hasta logra hacerla reír. Y cuando estamos solos me dice: «Amo a tu madre, ¿sabes? Siempre la he amado.» Y yo le respondo: «¡Díselo a ella!» Y él: «Eso trato, eso trato.»

Mientras conversábamos, los pulsos habían comenzado a sincronizarse bajo la punta de mis dedos. Cuando terminé mi trabajo, la hinchazón había disminuido visiblemente. Tanto la energía como la circulación se movían con más eficiencia. Pero Joanna parecía no notarlo.

—¿Así que no tengo que sentirme tan mal por no estar con ella? En realidad, yo sabía que era preferible mantenerme a un lado y dejar que papá lo hiciera todo. Pero me sentía tan culpable...

—Usted tenía un papel familiar que representar y no hacerlo le costaba mucho. Hasta la palabra «familiar» proviene de «familia», de aquello a lo que estamos habituados. Quizás hacía falta algo tan incapacitante como esta lesión para mantenerla a usted fuera de la escena. —Le entregué sus muletas. Las dos sonreíamos.

Si Joanna no hubiera tomado conciencia de su viejo papel que interfería entre sus padres, probablemente la habrían consumido los remordimientos por no poder cumplir con la promesa hecha a su madre. Su curación se produjo al lograr una visión más equilibrada de la relación entre sus padres y comprendió que su papel dentro de la familia, como apoyo y consuelo de su madre, en realidad permitía que la pareja continuara con sus viejas rencillas. La reconciliación de ambos la libró de una responsabilidad excesiva por la felicidad de su madre, responsabilidad que, de otro modo, podría haber cargado hasta mucho después de muerta ella.

También su padre experimentó una curación. Mi conjetura es que, antes de la crisis provocada por la enfermedad, la madre castigaba a diario a su esposo por alguna vieja indiscreción. La interacción de ambos se había cristalizado de tal modo que los esposos quedaron aprisionados por muchos años en conductas estereotipadas. Cuando se produjo la doble crisis provocada por el cáncer de la madre y la lesión de Joanna, el hecho de que ese hombre perseverara en sus esfuerzos por liberarse de su papel de indiferente, ofreciendo una y otra vez amor a su esposa, hasta que ella pudo aceptarlo, constituyó su propia curación y, por fin, la posibilidad de que la relación entre ambos se resolviera de una manera positiva.

Dos meses después, cuando Joanna volvió al consultorio para un último examen, me llevó aparte por un momento para decirme que, pocas semanas antes, su madre había fallecido.

—Fue realmente bello. Estábamos todos allí. Mi esposo, mis hijos. Pero en el último instante ella quiso que la dejáramos sola con papá. ¡Quién iba a imaginarlo! ¡Después de haber pasado tantos años sin hablarle! Esperamos en la sala hasta que papá salió y nos dijo: «Ya se ha ido. Pero está bien. Sabía que yo la amaba.»

Joanna se puso a llorar, incapaz de decir más, me estrechó la mano y, girando en redondo, salió apresuradamente de la oficina.

Curación más allá del físico

¿Qué es la curación? La persona que está físicamente enferma, ¿se cura sólo cuando esa enfermedad se alivia o desaparece? ¿O acaso es posible que no sólo Joanna y su padre experimentaran una curación, sino también su madre?

¿Acaso la mujer, al perdonar a su esposo y abrir su corazón al amor, sanó a pesar de perder su cuerpo físico en la muerte?

En este libro llegaremos a entender que todo nuestro ser, en lo físico y en lo no físico, sufre la influencia de cualquier cambio positivo de conciencia. Tal es la visión esotérica de la evolución aplicada a la especie humana. Si miramos desde esta perspectiva el caso de la madre de Joanna, se torna posible una comprensión muy ampliada de su muerte, una visión que la hija pareció captar intuitivamente. La curación de su madre hacia un amor más grande tenía una importancia más profunda que su muerte física, por dolorosa que fuera esa pérdida. La transformación de la moribunda permitió una expansión de conciencia también en su esposo y en su hija.

Muchas de las dificultades de la vida, vistas desde una perspectiva esotérica, revelan las oportunidades que brindan para el tipo de curación profunda como en el caso anteriormente mencionado. Quizá resulte útil, a estas alturas, ofrecer una nueva definición algo radical de la curación, reconociendo la existencia de planos más sutiles, profundos e importantes que el físico, en los cuales podemos curarnos. Esta nueva definición consiste en seis premisas básicas:

1. La curación profunda incluye siempre un cambio de actitud y, por lo tanto, una expansión de la conciencia.
2. La cura de un estado o enfermedad físicos no implica necesariamente que se haya producido una curación significativa.
3. La continuación de un estado o enfermedad físicos,

aun si se produjera la muerte, no implica necesariamente que NO se haya producido una curación significativa.

4. En el terreno emocional, cuanto más grande es el trauma mayor es la posibilidad de una curación significativa.
5. En el plano del pensamiento, cuanto mayor es la distorsión del sistema de creencias, mayor es la curación, siempre que se corrija la distorsión.
6. La curación del individuo afecta la curación de toda la humanidad; la curación de la humanidad como un todo afecta la curación de todo el planeta.

Podemos aceptar estos seis puntos de la nueva definición de curación si visualizamos nuestras supuestas tragedias personales en un campo más amplio, que incluya pasado, presente y futuro, familiares y amigos, la sociedad en un todo y, en último término, toda la especie humana. Esta perspectiva requiere también reconocer que nuestras partes no físicas, nuestros aspectos emotivos y mentales, pueden estar aún más necesitados de curación que la parte física.

Una visión esotérica de la existencia humana

El siguiente análisis de los cuerpos sutiles, la muerte y el alma, es amplio y complejo; tratarlo en forma concisa puede llevar a malentendidos y confusiones. Sin embargo, para comprender la adversidad y la curación, temas de este libro, es importante ofrecer una introducción a estos otros planos de materia y el modo en que afectan y son afectados por la existencia en el plano físico. Al leer las páginas siguientes, no te preocupes si los conceptos analizados te parecen extraños y elusivos. Este telón de fondo te ayudará, de un modo u otro, a comprender nuestro sitio en el universo y nuestra relación con el alma.

Debemos comenzar por reconocer que no somos sólo un cuerpo físico. El aura humana o «paquete de energía», en el que habitamos durante nuestra vida en la Tierra, incluye varias dimensiones de realidad más allá de las que percibimos con nuestros cinco sentidos.

Por debajo del cuerpo físico, y entremezclándose con él, existen cuerpos cada vez más sutiles, compuestos de grados de materia cada vez más sutiles. Son: el cuerpo etérico, que impregna el cuerpo físico como si fuera su diseño energético, compuesto de vibrantes líneas de luz; el cuerpo astral (o emocional), compuesto de materia proveniente del plano astral del campo energético universal, lleno de suaves colores y destellos de luz, según su volátil sustancia responde a nuestras emociones cambiantes y las refleja; por fin, el cuerpo mental, compuesto de dos planos de materia: la materia mental inferior, vivificada por el conocimiento que vamos obteniendo, pero teñida por la emoción, y la materia mental superior, que es el reino del pensamiento puro, la sabiduría y el entendimiento, el plano en que mora el alma. El alma está sentada dentro del aura humana, en la zona del manubrio o glándula timo, pero existe en la materia sumamente refinada del nivel mental superior del campo energético humano. Sirve como puente de conciencia entre nuestra existencia en el plano físico y el Espíritu o Fuerza detrás de la Creación.

Al evolucionar debemos primero dominar el cuerpo físico. Luego corresponde poner bridas a nuestras emociones mediante la disciplina. Por fin, nos desprendemos en forma gradual de la materia del cuerpo mental inferior, condicionada por las emociones, y nos centramos más en el nivel mental superior. Así como nuestro cuerpo mental superior se desarrolla mediante esa concentración, lo mismo ocurre con nuestra capacidad de experimentar el contacto consciente con el alma y con el Plan de nuestra vida.

Cuando ocurre lo que llamamos muerte, se quiebra el hilo energético que conecta el alma con el cuerpo físico. Cuando el alma abandona su vínculo con el cuerpo físico que le ha servido como sede en este plano, retira la fuerza unificadora que hasta entonces impedía la disolución del cuerpo físico y el desprendimiento de los cuerpos sutiles. La porción etérica del cuerpo físico empieza a separarse del vehículo más denso y la materia etérica, más fina, se eleva poco a poco. Con frecuencia los presentes notan una visible diafanidad en la cara del que acaba de fallecer, una luz que rodea el cuerpo y una sensación de paz en la habitación; todo se debe a esa energía refinada que impregna el aire al liberarse del denso cuerpo físico. Este componente etérico suele disolverse entre uno y tres días después de que se rompe el hilo energético, también llamado cordón de plata.

Así como, en el curso natural de las cosas, la materia física que compone el cuerpo físico será gradualmente reabsorbida por el plano físico, así la materia astral y la de las mentes inferior y superior, que componen los cuerpos sutiles del individuo durante la vida, serán reabsorbidas, después de la muerte, por los niveles energéticos adecuados del campo de energía universal. Todo lo que se haya reunido mediante la experiencia, durante la vida que se acaba de completar, es absorbido por los planos sutiles apropiados. La materia de carácter emocional es absorbida por el plano astral, mientras que los planos mentales superior e inferior reciben el conocimiento y la sabiduría ganados. Como al final de cada vida el alma cosecha así todo lo que hemos obtenido, el desarrollo, refinamiento y purificación de estos cuerpos sutiles es una finalidad importante de la efímera existencia humana en el plano terrestre. *Es nuestra contribución a la evolución del universo.*

Los clarividentes, que pueden percibir los estados de materia más refinados, nos dicen que, según alcanzamos un mayor entendimiento, perdón y libertad con respecto a las ilusiones y deseos egoístas, nuestros cuerpos energéticos se clarifican, intensifican y expanden. Casi todas esas expansiones se producen gracias a nuestras luchas con las limitaciones que enfrentamos al morar en el denso cuerpo físico, sobre el plano terrestre.

En este libro se describirán algunas de estas luchas y sus efectos sobre los cuerpos sutiles y, por ende, sobre nuestro Yo superior. Veremos algunas maneras específicas por las que las difíciles condiciones que encaramos nos permiten alcanzar un entendimiento más completo con la fuente de la que emanamos, el alma, y de qué modo esto, a su vez, posibilita el retorno final del alma, enriquecida por el mismo proceso de expresión, experiencia y expansión, a su propia fuente: el Espíritu.

La adversidad como catalizador del cambio

Hasta los veintiún años, edad en la que le diagnosticaron como HIV-positivo, Darren trabajaba como asistente de producción en la industria televisiva y vivía desenfrenadamente. Su historia ilustra el modo en que el sufrimiento personal puede precipitar una curación en las dimensiones más sutiles del ser, y producir un mayor entendimiento con el Yo superior o alma.

> Me dieron el diagnóstico hace dos años; yo había perdido mucho peso y tenía sarpullidos. Aunque los síntomas eran bastante obvios, me horroricé. En mi grupo nadie había enfermado. Todos pensábamos que a nosotros no nos tocaría. Yo fui el primero.
>
> Me pusieron en tratamiento con AZT y desde entonces estoy bastante bien. Me canso con facilidad y he tenido que hospitalizarme dos veces más, pero ahora puedo arreglármelas solo. Pero todo mi estilo de vida ha cambiado. Yo era de esos que se la pasan de fiesta en fiesta. Siempre había algo grandioso por allí fuera y era preciso darse mucha prisa para encontrarlo, para no perdérselo. Muchas drogas, todo lo que estuviera a la moda, muchísimo alcohol. Pero cuando me hospitalizaron por primera vez vino a verme Roger, un tipo al que yo ni siquiera conocía. Estaba diagnosticado desde hacía cuatro años. Me dijo

que me ayudaría en todo lo posible y que, cuando él no pudiera hacerlo, otros lo harían.

Fue entonces cuando se produjo este gran cambio en mí. Cuando el AZT comenzó a surtir efecto y me sentí mejor, abandoné definitivamente mis correrías. Roger me llevaba a reuniones con otras personas como yo, como nosotros, que tenían el mismo diagnóstico. Y nos hacíamos compañía. Conversábamos, nos mirábamos, nos preguntábamos: «¿Cómo te sientes hoy?», y prestábamos atención a la respuesta. De pronto, lo que yo siempre había buscado dejó de estar allí fuera. Estaba allí mismo, con esa gente, y me di cuenta de que lo mismo ocurría con ellos. Algunos están muy enfermos, o la familia no quiere saber nada, o no tienen dinero o están asustados. Pero todos tienen la misma actitud: cada uno da a los otros lo que puede y nadie tiene que enfrentar esto a solas.

Hemos instalado una casa aquí, en la ciudad, para la gente enferma de sida que no tiene adónde ir, y todo lo que tenemos lo hemos conseguido gracias a las donaciones. La gente aún llega a la puerta y nos dice: «Tomad.»

Resulta muy extraño decir que agradezco esta enfermedad, pero en cierto sentido así es. Me ha enseñado a vivir. Y no sólo a mí: también a mi familia. De toda mi familia, la que tiene dinero es mi abuela: una verdadera matriarca. Siempre me criticó por mis amigos y mi estilo de vida. Más aún: antes me acusaba de «buscarme» el sida. Bueno, cuando se enteró del diagnóstico protestó a gritos; sólo pensaba en lo que diría la gente. Pero cuando volvieron a hospitalizarme, la última vez, vino a verme y me dijo que podía ocupar su casa de huéspedes, que ella me prepararía la comida. Y lo hace. Cocina también para mis amigos, si deben quedarse cuando están enfermos y el refugio para enfermos de sida está lleno. Y ha hecho muchas donaciones al refugio y a otros afectados por la enfermedad. Está muy cambiada. A veces pienso que en eso consiste esta enfermedad. Obra sobre todos y hace que amen más, que compartan y sean más tolerantes.

Nótese que la abuela acusaba a Darren de comportarse como si quisiera enfermar de sida y que, cuando contrajo la enfermedad, ese joven despreocupado y hedonista se dedicó con toda naturalidad a una vida de servicio. Al conversar con él tuve la impresión de que abandonaba su estilo de vida anterior, no con pesar, sino con alivio, con la sensación de poder, por fin, reunirse con su Yo superior y su propósito más elevado. Esta reacción, aunque no es en absoluto universal entre los enfermos de sida, se presenta con bastante frecuencia; esto sugiere que, para muchos de los contagiados, la enfermedad es la llave y el catalizador que les permite comprometerse profundamente a ayudar y enseñar, mediante sus sufrimientos, a aquellos que conforman su entorno. Tal vez, para muchos afectados por el sida, ese propósito superior es la mismísima razón de estar aquí, con este cuerpo y en esta vida.

Lo que nos enseña el sida

A estas alturas, el tormento de la epidemia del sida nos afecta a todos, en un grado u otro. Sin embargo, tal como lo señala Darren, en todas sus trágicas dimensiones también nos está curando. A lo largo de la historia, ninguna epidemia ha combinado los factores que presenta el sida: la larga duración de la enfermedad; el hecho de que la mayoría de sus víctimas sean jóvenes y socialmente activas, su asociación, en la mente del público, con la población homosexual masculina, y el hecho de que su transmisión más común sea por vía sexual. Estos factores operan juntos para provocar una revolución en las actitudes, las conductas y los valores, en lo personal y en lo social. En último término, la humanidad como un todo está cambiando en diversos sentidos.

Como ocurre con la creación del diamante a partir del

carbón, la transformación del ser humano suele requerir bastante tiempo y presión. Esta enfermedad proporciona ambas cosas a muchos de los que la contraen, lo suficiente para provocar la nueva orientación de los valores personales experimentada por Darren. Su existencia esencialmente egocéntrica, dedicada a la búsqueda de sensaciones, evolucionó mediante la presión de la enfermedad y la influencia de Roger, convirtiéndose en una vida orientada hacia el servicio al prójimo. Así la vida de Darren, como la de Roger, se transformó en un ejemplo de cierto principio superior en acción.

¿Quién puede decir dónde termina la onda expansiva? Después de todo, no se trata de una enfermedad que se presente en el aislamiento. Casi todos los afectados están en la flor de la edad; aún tienen los padres vivos y un amplio círculo de amigos y compañeros. El estado de cada paciente, la transformación de cualquier paciente, afecta a muchos otros. Muchos de los que conocen a un enfermo de sida y se preocupan por él se enfrentan al mismo desafío que encaraba la abuela de Darren, debido al estigma combinado de la homosexualidad y su dolencia. Con frecuencia constituye una prueba para sus valores, prioridades y coraje para enfrentarse a los prejuicios públicos. El hecho de que esta imperiosa viuda decidiera amar y ayudar a su nieto y a otros como él, en vez de abandonarlo por orgullo y miedo a la censura, supone un cambio tan maravilloso como el del mismo Darren.

Más aún: el hecho de que la gente suela asociar el sida con los homosexuales masculinos, grupo ampliamente denigrado, está provocando una situación patética. Pensemos en el grado de amor y atención que la comunidad «gay» ha ofrecido a sus miembros enfermos y moribundos. Estos cuidados y esta compasión se extienden a los enfermos heterosexuales y a sus familiares. Frente a presiones abrumadoras, la comunidad gay de Estados Unidos ha asumido el compromiso de prestar toda la ayuda posible para que nadie muera solo. Sus grupos de apoyo y sus redes de servicios para los pacientes y sus seres amados; la dignidad y el coraje demostrados frente a tanta enfermedad, tanta muerte; la asombrosa capacidad de mantenerse abiertos y afectuosos, todo eso se ha convertido en ejemplo e inspiración para la comunidad médica, los familiares y amigos y la sociedad en general.

Aunque no conozcamos personalmente a alguien afectado por esta enfermedad, el sida nos afecta a todos, en el campo de nuestras actitudes sexuales y, con frecuencia, también en nuestra actividad sexual. Los que vivimos las décadas de los cincuenta, sesenta y setenta, apreciamos lo drástico del cambio que han sufrido la conducta y las costumbres sexuales en este país, en el breve curso de una generación. Al coincidir una revolución social generalizada con la aparición de métodos anticonceptivos que no afectaban el acto sexual, se abandonó abruptamente el ideal de la pareja única para toda la vida en pos de una experiencia sexual más amplia. De buenas a primeras, las relaciones sexuales espontáneas entre dos personas sin compromiso afectivo parecían ser una opción virtualmente libre de consecuencias. El supuesto «amor libre» se convirtió en algo más que una opción: era un modo de demostrar que no éramos puritanos sexualmente paralizados. Dos perfectos desconocidos unían sus cuerpos, aunque no pudieran mirarse cómodamente a los ojos salvo con intenciones seductoras. Muchas veces, esas relaciones requerían grandes cantidades de alcohol y otras drogas para acallar escrúpulos e inhibiciones.

Hemos hecho lo posible, pero para algunos de nosotros, tanto hombres como mujeres, el sexo despreocupado nunca estuvo muy libre de preocupaciones. Tal vez mediante el sida reconocemos que, en verdad, no debería existir.

Cuando dos personas participan de un acto sexual consentido, funden la totalidad de sus cuerpos. Los cuerpos físico y etérico, los cuerpos emocionales o astrales y los cuerpos mentales, todos se entremezclan. La forma del corazón, tradicionalmente asociada con el amor, representa en verdad la superposición y la fusión de las auras, campos energéticos en forma de huevo, de dos personas enamoradas. Durante el acto sexual esa fusión de campos energéticos se produce, aunque ambas no estén ligadas por el amor. En realidad, la enseñanza esotérica es que, durante la cópula, uno abre a su pareja el alma: la parte más elevada de sí mismo, la parte vinculada con Dios. De ahí el riesgo de daño psíquico, a menos que cada uno mantenga una actitud de afecto e interés por el bienestar del otro. Si uno de los dos tiene una actitud negativa, hostil o indiferente, o si desea aprovecharse de su pareja, se produce una herida en el plano energético.

Debo subrayar aquí que, a pesar de que son bien reconocidas las frecuentes actitudes aprovechadas de los hombres y el daño que esto provoca en la autoestima de las mujeres, no es tan común admitir que las mujeres pueden mostrarse igualmente aprovechadoras con respecto a los hombres. Algunos de los impulsos negativos que pueden motivar a una mujer antes del acto sexual o durante él son: las aspiraciones económicas, el deseo de experimentar el poder mediante la capacidad de atraer a un hombre y la necesidad de sujetar a un hombre a sus caprichos. Cuando existe cualquiera de estas actitudes, los hombres sufren una herida psíquica. Estos temas también pueden presentarse en las relaciones entre dos personas del mismo sexo, por supuesto. Con frecuencia, si no hay afecto verdadero entre dos personas sexualmente involucradas, ambas operan por algún grado de motivación negativa y, por lo tanto, las dos se perjudican.

En la actualidad, el miedo de contraer el sida presenta un potente freno al sexo despreocupado e inhibe la posibilidad de mantener relaciones con más de una persona a la vez. El espectro del sida hace que los posibles amantes se pregunten, cada vez con más asiduidad: «¿Hasta qué punto conozco a esta persona? ¿Cuánta confianza le tengo?» Y el uso del preservativo, tan necesario ahora para la protección de ambos participantes, crea un hiato muy incómodo en el primer acto amoroso de dos personas, proporcionando en el proceso del apasionamiento un pequeño instante de verdad, en el cual los sentimientos más profundos pueden imponerse a las sensaciones físicas.

De este modo, la crisis del sida sirve para hacernos más conscientes de lo que hacemos y por qué lo hacemos; en último término, la meta es siempre una conciencia mayor. Hoy en día, cada uno está en libertad de buscar su propio camino, mientras el sida nos disciplina y nos enseña a comportarnos con responsabilidad para con nosotros mismos y aquellos con quienes nos involucramos.

La historia de Joanna y sus padres ilustra bien las tres primeras premisas de la radical nueva definición de la cura que aquí presentamos:

1. La curación profunda involucra siempre un cambio de actitud y, por lo tanto, una expansión de la conciencia.
2. La cura de un estado físico o enfermedad no implica necesariamente que se haya producido una curación significativa.
3. La continuación de un estado físico o enfermedad, aun si se produjera la muerte, no implica necesariamente que NO se haya producido una curación significativa.

La historia de Darren y el análisis general del sida ayudan a aclarar las premisas cuarta y quinta:

4. En el plano emocional, cuanto mayor es el trauma mayor es la posibilidad de una curación significativa.
5. En el plano del pensamiento, cuanto más grande es la distorsión en el sistema de creencias, mayor será la curación, siempre que se corrija esa distorsión.

Analicemos ahora la sexta premisa:

6. La curación del individuo afecta la curación de todo el cuerpo de la humanidad; la curación de todo el cuer-

po de la humanidad afecta la curación de todo el planeta.

Reflexiona sobre esto mientras lees lo que sigue.

El sida desde una perspectiva planetaria

Cuando todo el planeta se ve afectado por una enfermedad tal como el sida, una forma de entender el proceso es analizar las fuerzas astrológicas que operan, sobre todo las de los planetas exteriores, cuyos ciclos son lentos y afectan la conciencia de masas. Astrológicamente Plutón, el más lento de los planetas conocidos de nuestro sistema solar, entró en Escorpio, el signo del que es regente, a fines de 1983. Por entonces el mundo entero empezaba a reconocer las dimensiones epidémicas del sida. Para la mayoría de quienes estudian la astrología resultó evidente que esa enfermedad era una manifestación muy de «Plutón en Escorpio», una fuerza implacable para la transformación. Plutón, así llamado por el dios de los mundos inferiores, se asocia con todo lo oculto o secreto, con los genitales, con las enfermedades sexuales, la eliminación y la muerte. Es el planeta relacionado con la psicoterapia, con los finales y los nuevos comienzos, con la muerte y el renacer. El poder de Plutón, según la astrología, trabaja inexorablemente para exhumar lo que está sepultado en la psiquis individual o en la cultura en general, sacándolo a la luz. Trabaja para curar el alma individual y transformar la conciencia cultural. Sin embargo, el proceso por el que logra sus fines puede ser atroz.

Escorpio es el signo relacionado con el deseo de todo tipo, pero sobre todo con el sexual y con el deseo de reformar al Yo y al prójimo. Obviamente, pues, la energía concentrada de Plutón en Escorpio crea una fuerza a tener en cuenta.

Deseo, sexo, muerte y secretos. Exhumación, eliminación, transformación, regeneración. Son fuerzas poderosas que perturban nuestra paz, desordenan la vida, desmantelan nuestras defensas. Se ha dicho que todo nuestro planeta tiene sida, y esto no se refiere sólo a la presencia mundial de la epidemia. Es una expresión penetrante del hecho de que todos estamos involucrados y afectados; cada uno de nosotros está enfermo y todos necesitamos cura; no sabemos vivir, no sabemos amar y no sabemos morir. Pero estamos aprendiendo... y el sida nos enseña mediante su poder.

El sida nos está obligando a todos a tomar más conciencia de la muerte y del proceso de morir. En medio de la vida se nos pide que enfrentemos la muerte de un amigo, un familiar, una celebridad admirada, que nos abramos a la transición de otro y participemos con el corazón. Cuando ayudamos a un enfermo de sida, también nosotros recibimos ayuda para descubrir lo que intuitivamente sabemos: cómo consolar y atender. Muchos me han comentado que, al atender a un ser amado enfermo de sida, aprendieron a guiarse por la intuición; hacia el final se limitaban a acostarse junto al enfermo, lo abrazaban y lo sosegaban, ya con palabras, ya cantando o tarareando. Al acercarse el fin, algunas de estas personas pudieron instar al paciente a dejarse ir o seguir la luz. Estas técnicas facilitaron, con frecuencia, una transición muy apacible para el moribundo, además de ser profundamente consoladoras para quienes participaban en el momento de la muerte. Una joven enferma de sida agonizante recibía todas las noches la visita de amigos que se habían volcado sobre ella durante su enfermedad. El marido le frotaba con suavidad los pies, mientras la esposa le leía poemas o le cantaba. Una noche, cuando ella ya estaba en coma, su madre se acercó a la cama, la abrazó y le dijo que era hora de partir, que estaba lista y todos la ayudarían con el pensamiento a desprenderse del cuerpo. Luego vino su padre y le dijo que la amaba. Falleció quince minutos después. Asistí a sus funerales, que fueron muy bellos; era obvio que su desaparición había iluminado la existencia de todos los que estaban en contacto con ella. Cada uno, mediante la íntima participación en su muerte, había sido llevado a reevaluar la muerte como hecho. Como resultado había menos miedo, más aceptación y paz, y hasta una sensación de encantamiento.

El cuerpo entero de la humanidad, el planeta todo, están sometidos a una iniciación en el sexo, la muerte y la regeneración, y esta ceremonia requiere que revisemos nuestras actitudes y conductas con respecto a cada uno de estos temas cruciales.

La adversidad según la visión del alma

Darren, transformado por una enfermedad que obra para la transformación de todos nosotros, ¿debe recibir compasión o aplausos? Tal vez tendamos a concentrarnos en los aspectos trágicos de su estado. Pero el alma cuyo propósito es ocasionar una mayor comprensión, perdón y amor, reconoce el triunfo de Darren además de su sacrificio.

Y Joanna, obligada a desaparecer de la escena mientras sus irreconciliables padres se enfrentaban juntos a la enfermedad mortal de la esposa, ¿fue ese tobillo distendido una cruel jugarreta del destino o un don de su alma, para que la madre moribunda pudiera abrirse al amor?

Dondequiera que vemos adversidad, el alma ve la oportunidad de cura, expansión y esclarecimiento. Llegué a comprender esto cuando una amiga mía, tendida en la camilla durante una sesión curativa conmigo, experimentó conscientemente un reino que no era el físico. Ante sí, tenía sentado a un ser de túnica blanca, que ella reconoció de inmediato como un Guía. La saludó con calidez y la invitó a hacer preguntas. Ella, que sufría de mala salud y tenía a una hermana mortalmente enferma, le preguntó si en su vida habría mucho más sufrimiento. La suave respuesta del Guía fue: «Por supuesto, querida mía. Es necesario. Eso te forja.»

Después de la sesión curativa, mientras analizábamos lo ocurrido, a ambas nos llamó la atención lo potente de esa respuesta: «Eso te forja.» Pensé en un trozo de carne, golpeada hasta que se pone tierna y dulce; en el metal, que se hace más duro cada vez que es sometido al fuego y golpeado en el yunque. ¿Acaso los golpes nos ablandan y endurecen al mismo tiempo? ¿Y qué dicen de nosotros, como individuos, los modos por los que se nos somete a prueba?

Carl Jung hizo una observación penetrante: «La vida de una persona es característica de esa persona.» Nuestros dilemas, nuestras dificultades y aprietos, junto con nuestro modo de enfrentarlos y resolverlos, definen quiénes somos, por qué estamos aquí y qué tratamos de alcanzar mediante la existencia en el plano terrestre. Con demasiada frecuencia, la personalidad juzga el valor individual por la posición social, la seguridad y las señales exteriores de triunfo material; el alma, en cambio, brinda pistas al temple del individuo, a través de las tareas y los desafíos que le asigna. Creemos erróneamente que la meta está constituida por felicidad, comodidades, seguridad y posición social, pero el alma tiene planes muy distintos. A ella no le importa el sufrimiento de la personalidad, pero sí que haya refinación, fortalecimiento y purificación, para que la personalidad sea digna de cumplir los propósitos del alma. Cada vez que nos preguntamos: «¿Por qué me ocurre esto?», debemos recordar que la felicidad, las comodidades, la seguridad y la posición social no purifican, no fortalecen ni refinan.

Pero ser templado en el fuego a golpes de martillo, eso sí.

2

¿Qué trata de decirme mi cuerpo?

Gary era otro de los pacientes de la quiropráctica: un ávido fisicoculturista, cuya amistosa sonrisa de cachorro desmentía la agresión insinuada en tantos músculos abultados. Había venido al consultorio por un misterioso dolor recurrente en una de las rodillas, que le impedía practicar el levantamiento de pesas y los otros deportes de que disfrutaba. Aunque llevaba más de una semana dejando descansar esa rodilla, informó con impaciencia que el dolor no cedía.

—Quiero que me la curen —estableció inexorablemente, al tenderse en la camilla.

Mientras conversábamos, me dediqué a aliviar algunos espasmos musculares que tenía en los hombros y en el cuello, antes de que la doctora entrara para examinarlo. Había aprendido a preguntar siempre a los pacientes qué hubieran estado haciendo de no ser por el dolor, pues con mucha frecuencia en esas respuestas estaban las claves del colapso o la rebeldía del cuerpo.

Para Gary, la jornada típica incluía varias clases de administración hotelera en la universidad local, dos horas de ejercitación en el gimnasio y, por la noche, un largo turno como barman en un popular restaurante de la playa. Durante el fin de semana, después de ponerse al día con sus lecciones, efectuaba trabajos de mantenimiento en el edificio donde vivía, como pago parcial de su alquiler; luego se iba a patinar o hacía ejercicio en el gimnasio antes de ir al trabajo.

Al margen de toda esta actividad, mantenía relaciones estables con una muchacha.

Yo quería saber algo más sobre esa increíble ronda de actividad constante, pero mi primera pregunta fue:

—¿Te gusta tu trabajo?

Tras años de experiencia en el terreno de las adicciones, no dejaba de preguntarme qué papel desempeñaba el alcohol en la vida de una persona.

—¿Atender el bar? Oh, no está mal. Como algún día quiero tener un restaurante propio, es una buena experiencia —respondió—. Lo malo es ver tanta gente que bebe y fuma en exceso. Aunque se dañan el cuerpo, siguen andando. Yo cuido bien del mío y ¡mire lo que me pasa!

—No sé, Gary —respondí—. Con el ritmo de trabajo que llevas, es como si usaras el coche para recorrer todos los días mil kilómetros.

—Es que me gusta mantenerme ocupado. —Se había puesto un poco a la defensiva—. Y no bebo ni fumo, como casi todo el mundo. Me esfuerzo mucho para conservar mi salud. —Hizo un gesto furioso señalando su rodilla—. No debería ocurrirme algo así.

—El resto de tu familia, ¿se cuida tanto como tú? —pregunté.

—Yo no diría eso, exactamente. —La voz de Gary sonaba densa de ironía—. Mi papá bebía tanto que el alcohol acabó por matarlo. Y mi hermano está haciendo lo posible por seguirle los pasos.

—¿Y tu madre?

—Oh, mi mamá es estupenda. Ahora está en Colorado, estudiando quiropraxia. —Sonrió de oreja a oreja—. Fue ella quien me recomendó venir aquí.

Parecía sentir la necesidad de explicarse mejor.

—Verá usted: mamá vivió muchos años en un infierno. Mi

papá, al morir, dejó un poco de dinero y ella lo usó para irse. Me parece muy bien. A veces me gustaría hacer lo mismo, pero me siento obligado a vigilar un poco a mi hermano. Somos gemelos. No idénticos, pero aun así... —Hubo un momento de silencio, mientras su sentido de la responsabilidad luchaba con sus ansias de libertad.

Después de un rato dije:

—Tu madre soportó muchas cosas, pero ¿qué me dices de ti? Eso te afectaba a ti también, ¿sabes?

—No pienso en eso —respondió secamente—. Me mantengo ocupado y no pienso en eso.

—¿Y si tu cuerpo te estuviera pidiendo que pienses, Gary? ¿Y si tu rodilla no quiere que acumules más fuerza por fuera mientras ignoras lo que ocurre dentro?

Hubo un silencio incómodo y sentí cómo los músculos de su cuello se tensaban un poco más bajo mis manos. De pronto cedió su resistencia y todo su cuerpo se ablandó. Estuvo a punto de suspirar.

—Lo mismo dice mi novia. Y mi mamá. Es extraño. En la universidad veo siempre unos letreros que anuncian una serie de conferencias sobre hijos adultos de alcohólicos, con una lista de características que uno desarrolla al criarse junto a alguien que bebe. Muchas se ajustan a mí, como el exagerado sentido de la responsabilidad y ocuparse primero de los demás, o lo de sentirse culpable por arreglárselas solo, o no saber lo que se siente ni cómo expresarlo. Me habría gustado ir a una reunión, pero creo que tenía demasiado miedo. —Soltó una risita—. Usted cree que mi rodilla hizo esto a propósito, ¿eh? Porque esas conferencias se dan justamente a la hora en que voy al gimnasio...

Cómo sirve el cuerpo a la conciencia

¿Es posible que la rodilla de Gary conspirara con su Yo superior para ponerlo en contacto con esos planos más sutiles de su interior que necesitaban atención? Una y otra vez, trabajando con los pacientes de la quiropráctica, vi operar el principio de la sincronicidad. Carl Jung presentó este concepto para explicar las causas ocultas tras la coincidencia, el motivo de sucesos que, por lo general, atribuimos al azar, pero que parecen predestinados por su importancia. Con frecuencia experimentamos esos sucesos como hallazgos fortuitos: un acontecimiento casual que nos pone en contacto con oscuras fuentes de una información que necesitábamos mucho, por ejemplo, o el encontrar a un viejo amigo después de años de separación.

Uno de estos notables episodios se produjo en cierta ocasión, mientras yo intentaba comunicarme con una amiga. Una joven atendió la llamada; cuando pregunté por Margaret vaciló.

—¿Se refiere usted a Peggy?

Pensando que tal vez ella conocía a Margaret por ese apócope, aclaré:

—Bueno, habla Robin Norwood. Quiero hablar con Margaret.

Entonces la voz exclamó:

—¡Robin! ¡Habla Susan!

Entonces reconocí su voz: me había comunicado con mi mejor amiga de toda la escuela primaria, tras habernos perdido de vista por mucho tiempo. Estaba de visita en casa de Peggy, su hermana.

Todo eso resultaba tanto más asombroso porque, la noche anterior, yo había tenido un vívido sueño en el que veía a Susan que partía hacia Hawaii. Cuando se lo dije, se echó a reír.

—¡Es cierto! ¡Viajo la semana que viene!

Comenté que en mi sueño ella iba en avión hasta las islas, pero regresaba en barco, y ella respondió que eso era lo que tenía planeado. Eran demasiadas coincidencias para cualquier explicación que no fuera la del principio de la sincronicidad.

Si la sincronicidad explica los sucesos demasiado significativos para ser coincidencia, bien se la puede aplicar para comprender que la rodilla de Gary o el tobillo de Joanna fallaran cuando lo hicieron. Ambas lesiones proporcionaban una oportunidad casi mágica para que se produjera el cambio y la curación interior.

Esotéricamente se enseña que toda enfermedad, toda herida, toda experiencia de sufrimiento sirve, en último término, para limpiar y purificar. Aunque no siempre entendamos con exactitud cómo se produce esto, si recordamos siempre esta enseñanza podremos comenzar a discernir algunos de los valiosos servicios que nos prestan nuestras dificultades.

Por ejemplo: una enfermedad o una lesión pueden proporcionar una puerta a la transformación, como ocurrió con Joanna y su familia debido a su esguince de tobillo. Esa lesión anuló su papel habitual en la relación de sus padres; junto con la presión aportada por la enfermedad mortal de la madre, creó una oportunidad para que esa relación curara. El dolor de rodilla brindó a Gary tiempo y oportunidad para explorar un doloroso aspecto de su vida, como primer paso para comenzar a curarla. Darren, el enfermo de sida, cambió sus valores y su estilo de vida como resultado de ese diagnóstico. También su abuela cambió y pasó a un estado de amor y compasión.

En segundo término, el alma puede elegir una enfermedad o una lesión, no sólo para curar algunos aspectos de la conciencia individual, sino para curar también un aspecto de la conciencia grupal más amplia. Cuando ocurre esto, lo que opera es lo que se conoce esotéricamente como ley del sacrificio. Cuando el sufrimiento de unos pocos sirve al bienestar o a la mayor conciencia de los más, opera la ley del sacrificio. La enfermedad de Darren es, por cierto, una demostración de cómo opera esta ley. Creo que toda víctima del sida se puede ver desde esta perspectiva, como parte de un gran grupo de almas dedicadas, en esta encarnación, a expresar la ley del sacrificio, sufriendo a fin de que avance la conciencia de la humanidad.

Un tercer modo por el que podemos beneficiarnos con una enfermedad, una lesión o un malestar físico se presenta cuando, faltos de sinceridad con nosotros mismos, tratamos de ignorar una circunstancia penosa en nuestra existencia. Los problemas del cuerpo pueden actuar como indicadores de nuestras evasiones psicológicas. Toda situación difícil es una prueba; a medida que evolucionamos, lo mismo ocurre con nuestras pruebas: de situaciones que desafían nuestro valor físico pasamos a aquellas que someten a examen el valor moral, la integridad personal y la sinceridad con uno mismo. Ninguna de estas pruebas es fácil. Como preferiríamos ignorarlas o evitarlas, el malestar físico cumple dos propósitos: nos advierte que hay un problema sin resolver y hace que, si intentamos desoír la advertencia, las consecuencias sean lo bastante dolorosas como para contemporizar. Mediante los mismos síntomas que manifiesta, el cuerpo puede señalar lo que estamos tratando de negar.

El cuerpo y la personalidad en conflicto

El cuerpo es un objeto maravilloso: nuestra parte animal, con cerebro, instintos y emociones animales propios. Como cualquier otro animal, el cuerpo humano no sabe mentir. Este simple hecho nos causa, a los seres humanos, problemas sin fin. En realidad, los problemas no se deben tanto a que el cuerpo no sepa mentir como a que la personalidad ha desarrollado muy bien su capacidad de hacerlo. Cohibidos y dados a autoevaluarnos, tratamos de convencernos de que somos tal como creemos que deberíamos ser. Mientras tanto, el cuerpo físico insiste en reaccionar sin ningún tipo de censura, puro instinto y emoción, y nos abochorna a fondo en el proceso. Se ruboriza, palidece, dilata las pupilas, castañetean los dientes, tensa las mandíbulas o humedece las palmas de sudor. Nos humilla con una erección inoportuna o nos defrauda con temblores o desmayos, y expone implacablemente ante el mundo entero nuestra excitación sexual, la incomodidad, el enojo o cualquier otra reacción que nuestra parte pensante y humana trata de disimular.

¿Qué ocurre cuando el cuerpo físico experimenta y expresa un estado del ser mientras el yo humano, por su deseo de lograr la aprobación propia y ajena, se inclina por expresar otro?

El cuerpo físico existe en la dimensión física y se nutre con materia (aire, agua, alimentos) del plano físico. Los cuerpos astral y mental existen en el plano astral o mental y se alimentan, a través de los chakras, de materia astral o mental de sus respectivos planos.

Cuando cada uno de estos cuerpos, físicos y sutiles, está límpido y libre de distorsiones, la vibración de todo el campo energético humano o aura será también límpido y uniforme. Los problemas físicos crean distorsiones en el aura; lo mismo hacen los problemas en los cuerpos sutiles. Cuando hay una distorsión presente en los cuerpos sutiles, se puede bloquear el flujo de energía a estos cuerpos a través de los chakras. Quienes pueden observar, mediante una clarividencia muy desarrollada, el funcionamiento del cuerpo en estos niveles energéticos sutiles, aseguran que la causa de toda enfermedad está en una distorsión o disonancia prolongada. Un episodio de disonancia breve, si es serio, puede contribuir a la aparición de enfermedades pasajeras tales como indigestiones, dolores de cabeza, resfriados y gripe. Las distorsiones más prolongadas y habituales del campo pueden predisponer el cuerpo a enfermedades mucho más graves, como el cáncer.

Falta de sinceridad y disonancia

He aquí unos pocos ejemplos de las señales que puede enviar el cuerpo para indicarnos que estamos pasando por alto una fuente de malestar emocional o mental.

Una joven llegó al consultorio de la quiropráctica casi imposibilitada de levantar la cabeza, por un dolor agudo que irradiaba por la parte posterior del cuello y ambos hombros. Acababa de hacer una visita a su madre, durante la cual ésta debió ser hospitalizada por una afección cardíaca. Este problema se presentó porque, durante la visita de su hija, la mujer olvidó tomar su medicación diaria. La hija describió la situación de este modo:

—A veces tengo la sensación de estar cargando a mi madre desde siempre. Es su vida, pero ella no acepta la responsabilidad. Siempre fue así. ¿Y ahora qué debo hacer? ¿Instalarme con ella para cuidar de que tome sus píldoras todos los días?

Esta joven había comenzado recientemente a trabajar en algo que le gustaba mucho, además de iniciar un romance promisorio. La perspectiva de tener que cuidar a su madre le resultaba insoportable, tanto como la idea de que la mujer muriera si ella no lo hacía. Tanto la quiropráctica como yo reconocimos que el pesado yugo de dolor en los hombros y el cuello se correspondía perfectamente con su carga emocional. Cuando la ayudamos a reconocer su profundo resentimiento por la indefensión manipulativa de su madre y a aceptar que necesitaba librarla a su propia suerte, el dolor empezó a ceder.

Con frecuencia, como en el caso citado, vi que la quiropráctica trabajaba para aliviar un estado creado por el cuerpo a fin de alertar al paciente sobre lo intolerable de una situación, ya fuera en el hogar o en el trabajo.

Una mujer que padecía últimamente dolores de cabeza y problemas digestivos charlaba en forma despreocupada sobre la siguiente situación: había alquilado un cuarto de su casa a un hombre con el que había mantenido una breve relación amorosa, con la esperanza de mantener el vínculo. Sin embargo, en cuanto él se instaló en la casa no hubo más insinuaciones amorosas. Por el contrario, muy pronto entabló relaciones con otra mujer, con la que sostenía largas conversaciones por teléfono, utilizando el que compartía con su casera, nuestra paciente. Ella calificaba esas llamadas de «groseras» y «desconsideradas», pero cuando le preguntamos si estaba enojada y deseaba pedirle que se fuera, nos contestó: «Oh, no, jamás se me ocurriría. Somos personas adultas. ¡Cómo voy a ponerme celosa!»

Recuerdo haber pensado que no me convencía; al parecer, tampoco a su cuerpo, puesto que la aparición de los síntomas coincidía con la nueva relación amorosa del inquilino; además, ella sufría más que nunca durante las primeras horas de la noche, cuando él mantenía sus largos coloquios telefónicos. Sus esfuerzos por no pensar en lo que sucedía ante sus mismas narices, bien podían provocar los dolores de cabeza; por otra parte, históricamente se asocia la vesícula biliar y su secreción de bilis con la envidia y los celos, cosa que podría explicar sus problemas digestivos. A menos que ella prestara atención a las advertencias de su cuerpo y cambiara la situación en que vivía, lo más probable era que sus síntomas se mantuvieran.

Es cierto que no toda dolencia física tiene una causa psicológica. Pero muchas sí. Y cuando eso ocurre solemos querer que nos sanen, como Gary y esta mujer: que nos alivien el dolor mediante recursos médicos como las drogas, la cirugía, hipnosis, acupuntura o cualquier otro enfoque, porque no deseamos reconocer que debemos atender la fuente del dolor, profunda y no física. Ignorar o negar esa fuente no física puede equivaler, en último término, a fomentar la aparición de problemas físicos aún más graves.

Tal fue el caso de Karen, una mujer que asistía a un taller sobre curación por el campo de energía. Una de las tareas que debimos realizar los participantes era descubrir de qué modo estábamos ignorando señales del cuerpo indicadoras de aspectos faltos de sinceridad de nuestra vida.

Otra tarea fue despertar poderes de percepción más elevados, para lograr, en cierto modo, percibir la configuración energética de estas distorsiones. En mis años de estudio yo había tomado conciencia de que percibía dimensiones más sutiles de la realidad. Había aprendido a prestar atención cuando recibía fuertes «golpes» emocionales de un lugar, una persona o un nombre. A veces captaba las energías de los objetos y podía narrar algo relacionado con ellos; la foto de una persona solía abrirme una ventana a su ser interior. De tanto en tanto veía, en el campo energético de una persona, configuraciones y colores indicativos de creencias, sentimientos o conflictos fuertemente arraigados.

Al concluir el tiempo compartido, debimos describir lo que habíamos obtenido de esa experiencia. Karen, que tenía algo más de treinta años, estaba por entonces en remisión de un cáncer de garganta. Había pasado años luchando por destacarse como actriz. Durante un período muy inactivo de su carrera, contrajo matrimonio y, más adelante, satisfizo al esposo en su deseo de tener hijos. Desde entonces se esforzaba por cumplir con sus trabajos actorales sin desatender a la familia; muchas veces sufría por no poder optar entre su devoción hacia el esposo y los hijos y su gran amor al teatro. En esa oportunidad, en un arrebato de virtud optimista, nos dijo que iba a dejar de actuar para dedicarse al hogar, al esposo y a los hijos, a la felicidad de su familia. Horrorizada, vi la respuesta de su campo energético a lo que estaba diciendo. Mientras hablaba la envolvió un manto verde gris sombrío, denso y pesado. Comprendí con espanto que estaba pronunciando, posiblemente, su sentencia de muerte. Por muy digna de elogio que sonara su decisión de ser una buena madre y esposa, no era la orientación sincera que debía tomar y su cuerpo emotivo lo sabía. Como la energía sigue al pensamiento, ese manto de materia astral se creaba en correspondencia con la restricción que ese plan representaba para ella. Quizá creía no tener alternativa, atrapada como estaba entre la necesidad de llevar una vida respetable y los deseos más profundos de su corazón: actuar en el escenario. Su decisión de anteponer a su familia no era incorrecta, quizá, dado su sistema de valores. Simplemente, no era la más sincera; su campo de energía me mostró lo que en verdad sentía.

¿Qué habría mostrado su campo energético si ella hubiera anunciado, por el contrario, la decisión de seguir a su corazón, fuera adonde fuese? Su aura habría presentado una carga más potente, de colores más intensos. Si bien los conflictos que experimentaba con respecto a su familia no hubieran podido faltar en el aura, Karen habría tenido más energía para enfrentarlos. En cambio se envolvía en el manto de «buena esposa y madre» que, para ella, entrañaba un peligro sofocante.

No pretendo saber cuál era la solución para Karen, pero sí sé que la decisión tomada serviría para deprimir su campo energético general y, por lo tanto, su sistema inmunológico, algo que ningún enfermo de cáncer puede permitirse. Aunque pueda parecer que el cuerpo la traicionaba con ese cáncer, ¿no es posible que ella, al ignorar sus verdaderas inclinaciones, estuviera traicionando a su cuerpo?

Cómo el cuerpo sirve al alma

¿Qué es mejor? ¿Que Karen se entregue por entero a la actuación? ¿O que renuncie para dedicarse a su familia, aunque su cuerpo corra peligro de no sobrevivir a la decisión? Eso es lo que nos hace la vida, nuestra vida, la que elegimos y diseñamos desde la perspectiva y la sabiduría del alma. Nos planta en un rincón y fija apuestas muy, pero muy altas: vida y muerte, amor y respeto, nuestros amados hijos o la profunda vocación; luego nos obliga a elegir. ¿Y con qué contamos para que nos guíe en nuestra elección? Por una parte está la presión de las normas sociales y las propias, conformadas por la necesidad y los tiempos en que vivimos. Por la otra, nuestro corazón nos exhorta: «Esto por sobre todas las cosas: sé leal a ti mismo.»

Esta prueba es la esencia misma de la existencia en el plano terrestre. Estos aprietos y dilemas, que los esoteristas llaman «fuego por fricción», crean presiones con las cuales pulen nuestros puntos toscos para dejarnos, por fin, puros y brillantes, aunque no necesariamente en el curso de una sola vida. Se trata de un proceso largo, muy largo, y mientras nos encontramos inmersos, rara vez apreciamos sus efectos refinantes. Sólo sabemos que estamos sufriendo y envidiamos a los que no padecen así, pensando que, de algún modo, deben de llevar una vida más correcta y, por lo tanto, reciben más bendiciones. Tanto en lo individual como en lo social, ¿no tendemos acaso a reconocer más crédito espiritual a quienes viven en forma pulcra y ordenada, y los creemos mejores que nosotros que luchamos con nuestras diversas aflicciones?

Nos acercaríamos más a la verdad de la situación si recordáramos que la vida, en este plano terrestre, es un aula; a medida que uno avanza en la escuela, las tareas se tornan más complicadas. Todos los grados son necesarios para nuestro desarrollo último. Cada uno es un desafío cuando estamos en ese nivel, pero en cuanto lo dominamos debemos pasar al siguiente. Ninguno de nosotros querría permanecer en segundo grado, una vez aprendido todo lo que tenía para enseñar. Por el contrario, abrazamos de buena gana el curso siguiente. Más tarde, en medio de cada nuevo desafío, olvidamos que nosotros mismos lo elegimos así.

Tal vez el cuerpo está más en sintonía que nosotros mismos con nuestras elecciones. Se rebela cuando nos alejamos demasiado de lo que nos conviene. Y paga el precio por las tensiones que nuestras elecciones engendran. Al hacer lo que le exigimos y, paradójicamente, aun en sus rebeldías, el cuerpo es el sirviente del alma.

Cuando no pude recuperar la movilidad, después de mi operación de rodilla, aprendí una nueva manera de relacionarme con mi cuerpo. Como los ejercicios recomendados no me servían de nada, decidí en cambio tratar a mi cuerpo como a un caballo querido: con suavidad, amabilidad y reconfortándolo. Interrumpí todos los tratamientos que me resultaban dolorosos, me liberé del enojo y la impaciencia por el hecho de que mi cuerpo no respondía como yo deseaba y lo toqué sólo con amor. Todo esto requería una disciplina constante, pues yo siempre había contado con él sin darle importancia; muchas veces lo obligaba a hacer mi voluntad, aunque respondiera con dolor. Según adquiría un nuevo respeto y apreciación, tanto por mi cuerpo como por lo que me enseñaba esa lesión, la rodilla comenzó a curar lentamente.

En *San Francisco*, el libro de Kazantzakis, el santo considera el cuerpo físico como un animal de carga que, no obstante, tiene necesidades propias. Cuando Leo, su compañero, se avergüenza de admitir que tiene hambre, Francisco lo insta gentilmente a comer: «Alimenta a tu borrico.»

Alimenta a tu borrico con la comida adecuada y buen descanso. Trátalo con respeto. Ofrécele amor y gratitud por todos los servicios que te presta. Y no olvides escuchar su sabiduría.

3

¿Existe un cuadro más amplio que no llego a ver?

¿Alguna vez, cuando niño, trabajaste con una de esas ilustraciones para colorear siguiendo los números? ¿Recuerdas que cada pedacito se pintaba con el color designado por el número que marcaba ese espacio? Por ejemplo: todos los espacios marcados con un tres debían ser anaranjados. Si observabas la ilustración del modelo para ver cómo era ese sector, quizá se trataba de la sombra de un árbol. Entonces pensabas: «No, no puede ser. Las sombras son grises o negras; ¡hasta pueden ser azul oscuro o púrpura, pero nunca anaranjadas!» Sin embargo, el espacio estaba marcado con un tres y el tres significaba anaranjado, así que lo coloreabas, aun seguro de que se trataba de un error. Aunque trabajabas a conciencia, después de haber llenado muchos espacios no lograbas aún discernir un cuadro; eran sólo manchas de color al azar. Pero al continuar pintando, esas diminutas manchas se ordenaban mágicamente, para convertirse en brillos y matices. Por fin emergían las imágenes y formaban un cuadro con significado, con puntos de luz en zonas de sombra y rastros de oscuridad en las zonas de luz. Ya no se veían los espacios por separado, porque el efecto general borraba los detalles.

Cada vida individual se parece mucho a eso: un montaje de

hechos, emociones y pensamientos que se van desplegando, cada uno con su propia cualidad o color. Tomados en conjunto, esos fragmentos forman el diseño representativo de la vida que vivimos. Sin embargo, ese diseño no es visible mientras estamos atareados en vivirla. En cierta ocasión, una paciente inquirió: «¿Cómo se puede ver la propia vida mientras se está en ella?» Adoptó la pose de una figura inmovilizada en un cuadro y luego estiró el cuello para ver en un plano la composición de la que formaba parte. Ver todo el cuadro era imposible, por supuesto.

Esta falta de perspectiva, de distancia con respecto a los hechos de nuestra vida nos obliga a conjeturar sobre la marcha el valor y el significado que puedan tener. Por lo general basamos nuestra evaluación de lo que ocurre en lo que sentimos mientras sucede, según estemos cómodos o a disgusto, contentos o insatisfechos, felices o deprimidos. Cuando la vida que llevamos se despliega tal como esperábamos, suponemos que estamos haciendo bien las cosas. Si se presentan acontecimientos perturbadores o sensaciones que no esperábamos, pensamos: «No, esto no marcha bien. Se supone que no debo vivir así. Tiene que haber un error.» A veces, cuando reflexionamos sobre problemas pasados, logramos entender de qué modo nos ayudaron a desarrollar nuestro actual plano de entendimiento y autoconciencia. Puede que su significado aún permanezca oculto a nuestra vista, en un conjunto más grande que hasta puede abarcar otras existencias.

Un caso de adicción sexual

Jerry, que tenía treinta y dos años y ya se había divorciado dos veces, estaba en el apartamento donde vivía solo, batallando con una gripe virulenta. Mientras tanto, la compañía para la cual trabajaba estaba en proceso de absorción por parte de una gran empresa. Cuando la fiebre no lo abrumaba, Jerry se preguntaba si no lo dejarían a un lado durante la reorganización que se producía en su ausencia. Día y noche mantenía el televisor encendido, para que lo distrajera de sus preocupaciones por el trabajo y las mujeres.

Su nuevo romance había terminado en un desastre: la última de una larga serie de amantes, ninguna de las cuales llegaba a los veinte años, se negaba a verlo porque él había fallado varias veces al hacer el amor. Aunque no era, por cierto, la primera vez que le sucedía algo así, nunca le había ocurrido tan al comienzo de una relación. Jerry empezaba a asustarse. Hasta entonces siempre había podido culpar del fracaso a su compañera. Lo achacaba a algo que ella hubiera dicho o hecho, a que la chica no lo atraía, a fin de cuentas. Pero esas racionalizaciones ya no daban resultado. Descubrió que sólo podía hacer el amor a fuerza de fantasías. No toleraba que su compañera hablase ni que lo distrajera de ningún modo durante el acto sexual. Las muchachas que imaginaba en sus fantasías no tenían rostro y eran cada vez más jóvenes.

Al promediar la tarde, un locutor de la televisión anunció un programa sobre hombres víctimas de incesto. Fastidiado, Jerry buscó el control remoto para cambiar de canal, olvidando que lo había dejado en la cocina por descuido. Se estremeció por un ataque de escalofríos, abandonó la búsqueda y se enterró entre las mantas, mientras un psicoterapeuta, en el televisor, describía la frecuencia con que los niños varones sufren abusos sexuales por parte de sus propios familiares. El terapeuta relacionaba estas experiencias con posteriores problemas para establecer relaciones íntimas y sexuales. Jerry, demasiado débil para levantarse, se irritaba cada vez más con el programa.

Mientras tanto, en la pantalla apareció la silueta de un hombre que describió su propia violación, a la edad de diez años, por parte de un hermano mayor alcoholizado; luego comentó que, a lo largo de toda su vida, había sido incapaz de asociar el acto sexual con sentimientos de amor. Habló de su adicción a la pornografía y sus varios fracasos matrimoniales. Por fin Jerry se arrastró por la habitación, pasando junto a la cómoda llena de revistas con desnudos y vídeos sobre sexo, para apagar manualmente el televisor. Volvió a la cama; el cuarto estaba silencioso por primera vez en todos los días que llevaba enfermo. Cuando por fin se quedó dormido, soñó con un niño vejado tal y como el hombre lo había descrito; pero el niño era Jerry en su infancia y el violador, el hombre presentado a contraluz.

Al terminar la semana Jerry volvió al trabajo; aunque todavía no estaba plenamente recuperado, temía perder el empleo si prolongaba su ausencia. Aún tenía el estómago tan revuelto que no se atrevió a entrar en un bar a la salida del trabajo, como solía hacerlo. Los efectos entumecedores del alcohol le hacían más falta que nunca, porque el sueño del niño y el hombre a contraluz lo acosaba, surgiendo en su conciencia varias veces al día. En cada oportunidad volvía a provocarle escalofríos y náuseas.

El sábado, en el túnel de lavado de coches, conoció a una muchacha y la convenció de que lo siguiera con su coche hasta el apartamento. Cuando trató de hacerle el amor, la visión apareció súbitamente de nuevo y lo echó todo a perder. La jovencita se vistió en silencio, pero al salir del apartamento comentó, no sin amabilidad, que quizá le conviniera buscar ayuda profesional. Lo que hizo Jerry, que aún no podía beber, fue calmar su malestar con una visita a una librería pornográfica, en las afueras de la ciudad.

Esa noche Jerry volvió a tener el mismo sueño; de pronto, sin que la cara del niño dejara de ser la suya a esa edad, el rostro del violador se convirtió también en el suyo, en versión adulta. Despertó y se sirvió una copa, a pesar de las náuseas. Mientras tanto, la visión persistía, acompañada por fuertes sensaciones sexuales. Se descubrió fantaseando que copulaba con una criatura, una criatura silenciosa y dócil, que no podía saber si él era impotente o no. Por fin, cuando todas las sensaciones sexuales se agotaron, Jerry se encontró en el baño, vomitando una y otra vez.

Después de eso no se atrevió a dormir, temeroso del rumbo que podían tomar sus sueños. Lo aterrorizaba no poder calmarse con sexo ni alcohol. Cuando por fin amaneció, largas y penosas horas después, Jerry estaba dispuesto a buscar ayuda. Después del último divorcio, un compañero de trabajo comprensivo le había recomendado un terapeuta; Jerry lo llamó por teléfono, casi deseando que, por ser domingo, no hubiera nadie para atenderlo. Cuando el servicio de contestador le dio una cita para la tarde siguiente, se consoló al pensar que, si la terapia no le servía, siempre podía matarse. La idea no era nueva, por cierto.

Durante la primera entrevista el terapeuta averiguó, mediante un cuidadoso interrogatorio, que Jerry tenía dificultades con el alcohol y le impuso la abstinencia como condición para la terapia. Jerry accedió, sorprendido por su propia reacción de alivio.

En la segunda sesión, como ya confiaba en el terapeuta, pudo describirle la visión que lo acosaba. En poco tiempo admitió su obsesión con las fantasías sexuales y su necesidad de compañeras cada vez más jóvenes y más anónimas. Por sugerencia del terapeuta, inició un programa grupal de doce pasos para adictos al sexo. Allí encontró la ayuda necesaria para no ceder a su adicción sexual.

En la terapia, mientras tanto, iba reconstruyendo su propia historia de abuso sexual, suprimida y negada. Había ocurrido a lo largo de un período de muchos meses, a manos de un tío paterno que, tras volver de Vietnam, vivía en la casa familiar. Ese tío, que jamás se recobrara emocionalmente después de participar en la guerra, se mudó más adelante a una pensión, donde pocos meses después se mató de un disparo. Una parte significativa del trauma de Jerry se vinculaba con la muerte violenta de su tío, muerte que, en su infancia, estaba seguro de haber provocado por desearla con tanto ardor.

Recordar y revivir las experiencias de ese dificilísimo período requirió todo el coraje y la perseverancia de Jerry. Por fin sacaba del exilio las partes eslabonadas de sus cuerpos físico, emocional y mental, destrozadas tantos años antes por los ataques del tío, enérgicamente congeladas y anestesiadas desde entonces. Jerry necesitaba «remembrar» y «reincorporar» estas partes congeladas y rechazadas de sí mismo y de su experiencia.

Es interesante apuntar que las raíces de «remembrar» y «reincorporar» se refieren a los miembros y al cuerpo mismo. «Re-membrar» es poner nuevamente una parte del cuerpo perdida o separada; «re-incorporar», reponer en el cuerpo una parte que ha sido dejada fuera o rechazada. El uso común de estas palabras indica que el proceso de olvidar o negar nos afecta de una manera física. Se pierde o distorsiona algo vital para el funcionamiento del cuerpo físico. Yo sugeriría que este efecto se precipita por el daño producido en los cuerpos mental y emocional, más sutiles, donde se presentan los bloqueos y las disonancias de energía. Es preciso atender las lesiones de estos cuerpos sutiles a fin de restaurar el funcionamiento físico saludable. Cuando Jerry pudo permitir que éstas partes negadas de sí mismo —sus experiencias, las emociones y pensamientos relacionados— volvieran a la conciencia, éstas empezaron a perder su capacidad de inutilizar y corromper.

Las raíces de la victimación en el pasado

Pensemos por un momento en Jerry, el adulto que, antes de someterse a terapia, dependía cada vez más de experiencias sexuales impersonales, necesitaba el estímulo de la fantasía o revistas y vídeos explícitos, requería de compañeras cada vez más jóvenes para encuentros cada vez más anónimos y estaba cayendo en un patrón de compulsiones y perversiones.

Pensemos ahora en el pequeño Jerry, sexualmente sometido a los cuatro años por un tío profundamente perturbado.

Puede parecer que estamos hablando de dos personas por completo distintas: un niño inocente que despierta nuestra simpatía y un adulto responsable por el cual sentimos aversión. Y Jerry, en vías de recuperación, es una tercera persona que lucha valerosamente para aceptar su explotación sexual cuando niño y admitir su conducta sexual explotadora cuando adulto.

Ya podemos ver que han existido varios Jerry en una misma vida, cada uno de los cuales contribuyó al desarrollo del siguiente. Reconocido esto, ¿podemos imaginar la existencia de Jerry en otros períodos históricos y otros cuerpos físicos? Pongamos el ser esencial que conforma el Jerry actual en un continuo que abarque numerosas vidas, como hombre y como mujer, y que incluya, entre muchos otros, los papeles de víctima y victimario, así como el de quien aprende mediante la incorporación de ambas experiencias: la de víctima y la de victimario. Al hacer esto, las emociones que nos inspiran los diversos Jerry se van neutralizando en forma gradual. La reacción crítica contra el adulto y la actitud compasiva hacia el niño ceden paso a una apreciación del cuadro más amplio. Desde esta perspectiva apartada es posible comenzar a entender por qué Jerry, niño inocente, tuvo que sufrir ese trauma sexual.

La evolución de la conciencia humana

Encarnamos en el plano terrestre a fin de expandir nuestra conciencia. Esto se produce mediante muchas experiencias a lo largo de muchas vidas. Lo cierto es que todos sufrimos maltrato, sexual y de cualquier otra clase, en algún punto de nuestro propio desarrollo evolutivo... y cada uno, a su vez, inflige esos mismos maltratos. En último término, para cada uno es necesario, en el desarrollo de su propia conciencia, experimentarlo todo. Nuestra larga serie de encarnaciones físicas no se inicia con una conciencia desarrollada, dedicada a los principios humanos más elevados. Debemos forjarnos el camino a lo largo de muchas encarnaciones, antes de que el cuerpo y la personalidad se conviertan, por fin, en las herramientas disciplinadas y bien dispuestas de la mente superior o alma, antes de que podamos emplearlos a conciencia para ayudar al prójimo.

El viaje es largo. Al principio, los instintos animales, los impulsos y apetitos gobiernan nuestra existencia. Aunque en esta primera etapa podemos infligir un gran daño, aún no somos realmente capaces de malignidad, no más que el león cuando acecha a su presa. Como el león, nos limitamos a seguir nuestra naturaleza animal. Pero al reunir una experiencia mayor aprendemos, crecemos, se desarrolla nuestra conciencia y lo mismo ocurre con nuestra posibilidad de elegir.

En un sentido espiritual, la principal diferencia entre el reino animal y el nuestro es nuestra capacidad, mucho mayor y en constante desarrollo, de elegir en forma consciente. Sin embargo, esta capacidad no evoluciona ni se desarrolla por igual entre todos los miembros de la especie humana al mismo tiempo. Iniciamos nuestro ciclo evolutivo en diferentes tiempos y progresamos a diferente velocidad. Pero mientras cada uno de nosotros no esté lo suficientemente avanzado, los instintos y los impulsos de nuestro cuerpo, actuando como los de cualquier animal, efectuarán muchas de estas elecciones en nuestro nombre.

Cierta vez tuve un paciente cuya conducta impulsiva y agresiva le había causado problemas con la policía. Ahora le esperaba la cárcel: mientras bebía en un bar empujó a un hombre que, al caer, se golpeó la cabeza y murió. Mi joven paciente tenía mucha más fuerza bruta de la que podían manejar sin peligro sus emociones primitivas y su poco desarrollado intelecto. Libre de malicia, pero completamente sometido al vaivén de los apetitos físicos y los impulsos emocionales, era obviamente lo que se denomina «alma joven», y luchaba por aprender los principios más básicos del autodominio. Aun cuando sus actos provocaran la muerte de una persona, como el Lenny de Steinbeck en *Of Mice and Men,* no irradiaba maldad, sino una especie de desventurada inocencia infantil.

Todos nos iniciamos como «almas jóvenes»; al frente se extiende el largo viaje hacia una plena conciencia humana. Esotéricamente se nos conoce, en esta temprana etapa, como «humanidad infantil». Al igual que los niños, estamos en las primeras etapas del desarrollo físico, emocional y mental. También como ellos, nuestras primeras exploraciones del mundo físico se ven limitadas, en gran medida, por el grado de dolor que podamos tolerar en nuestro propio cuerpo. Nuestra capacidad de empatía se va desarrollando, a lo largo de milenios de sufrir e infligir sufrimiento, por turnos. Hasta que se desarrolla esa capacidad, lo único que nos impide hacer daño a otros es la posibilidad del castigo. Como los niños que van madurando, debemos evolucionar en conciencia hasta que las restricciones de nuestra conducta sean más internas que externas.

Los niños suelen ser crueles entre sí y para con animales e insectos, a menos que sean sometidos a restricciones o reciban una cuidadosa enseñanza; pero el motivo real es que están progresando por una temprana etapa de desarrollo en su propia evolución de conciencia. Lo que parece expresión de crueldad a la conciencia madura de un adulto es, en muchos niños, simple curiosidad no entibiada por la compasión. Es interesante apuntar que John Muir y Joseph Wood Krutch, dos grandes naturalistas, citan en sus autobiografías que en su niñez solían tratar con crueldad a los animales.

Hacia los veintiún años, en general, somos lo bastante maduros como para expresar el nivel de conciencia que nos han impartido las experiencias de vidas previas, cualquiera que sea. Este nivel de conciencia varía mucho entre un individuo y otro, según lo que haya sido alcanzado durante las encarnaciones previas. Por ejemplo: la consideración de un individuo por la soberanía física, emocional y mental de otro ser humano no se puede inculcar, simplemente, mediante una educación que ponga énfasis en los conceptos humanitarios. La misma palabra «educación» deriva de *educere*, traer a la superficie algo que ya está allí. A menos que la persona haya alcanzado ya esa capacidad de respeto, a través de las experiencias de otras vidas, la educación no puede despertarla.

Cómo diseñamos una encarnación

Toda encarnación tiene raíces en lo que ha sucedido en el pasado, pero sobre todo en el episodio inmediatamente anterior en la vida terrestre. A través de nuestras incontables encarnaciones tempranas, el principal propósito de nuestra existencia aquí es acumular experiencia del plano físico. Más adelante asumimos encarnaciones a fin de comprender y, en caso necesario, curar lo que se ha experimentado.

Cada vez que, al morir, abandonamos el cuerpo físico, se produce una revisión de la vida recién terminada. Aquellos que han sufrido experiencias de muerte momentánea describen esta revisión de la vida como un repaso objetivo, libre de los dictados de la personalidad. De esta manera, podemos identificar con la ayuda de nuestros Guías, que generalmente son nuestras propias encarnaciones terminadas actuando bajo la dirección de nuestra alma, aquello a lo que más deberemos dedicarnos a continuación. Se nos ayuda a aislar los tres factores condicionantes principales que definirán la esencia de nuestra encarnación siguiente. Establecemos las circunstancias necesarias para la próxima misión y concebimos el diseño del vehículo físico, astral y mental con el cual la ejecutaremos. Esto es como decidir, al terminar un año lectivo, qué cursos elegiremos cuando volvamos a los estudios y asegurarnos de disponer el equipo necesario.

El primero de estos factores condicionantes es la naturaleza del ambiente físico en el cual encarnaremos a continuación. Todos reconocemos que la cultura general, el medio social y la posición, las aficiones y las actividades de la familia en la que nacemos ejercen una poderosa influencia sobre nuestro desarrollo. También, si entendemos que este campo de experiencia se elige antes de la encarnación, porque proporciona el fundamento requerido para las tareas que nos hemos fijado, comprenderemos que no hemos sido víctimas ni favoritos del Destino. Por el contrario, estamos en el medio requerido para dirigirnos hacia las metas de esta encarnación.

El segundo factor determinante es el grado de refinamiento y los puntos fuertes y débiles del cuerpo físico. Esotéricamente se enseña que el factor más kármico de toda encarnación es el cuerpo físico y la parte más kármica del cuerpo físico, su sistema nervioso. Elegimos el cuerpo que se adecue mejor al trabajo de cada vida. El sistema nervioso de cada uno, que nos hace interpretar el mundo de un modo propio y característico, estructura profundamente cada una de nuestras experiencias y, por lo tanto, nuestra visión general de la vida. Las habilidades naturales determinan nuestra línea de menor resistencia, llevándonos a acentuar las actividades y aficiones que nos resultan fáciles, mientras que nuestros puntos débiles impiden otras empresas.

El tercer factor es la composición del cuerpo astral o emocional, que determina qué y quién va a atraernos y, al mismo tiempo, a qué y a quién atraeremos. Este cuerpo emocional se vincula con nuestras percepciones del mundo que nos rodea mediante el sistema nervioso. Los sentidos físicos del tacto, el gusto, el olfato, el oído y la vista interpretan el medio de un modo condicionado y teñido por el cuerpo emocional.

De la misma manera que el cuerpo emocional afecta, por vía del sistema nervioso, el modo en que experimentamos cada dimensión del medio, a su vez el medio se ve afectado por cada dimensión de nuestro ser en su totalidad. Aunque no tengamos conciencia del hecho, los seres humanos nos percibimos mutuamente como paquetes completos de energía. Cada plano de nuestra aura, cada uno de nuestros cuerpos sutiles, responde a la correspondiente dimensión energética de otra persona. Y estas respuestas son emocionales. Mediante las atracciones gobernadas por el cuerpo emocional buscamos y somos buscados por aquellos con quienes tenemos asuntos pendientes de determinada existencia o, tal vez, de vida en vida: son quienes forman nuestro grupo kármico. Este grupo puede incluir o no a nuestra familia de origen, pero siempre incluye a las personas con quienes tenemos vínculos importantes, capaces de cambiarnos la vida.

El ejercicio del libre albedrío

Así llegamos a la existencia en el plano físico con algo similar a una agenda, para la cual nos hemos preparado mediante experiencias anteriores en existencias previas. Esta agenda está expresada en nuestro medio y nuestro equipamiento físico, emocional y mental. En realidad, es durante el período entre dos encarnaciones cuando más ejercemos nuestro libre albedrío, pues entonces es cuando determinamos, con ayuda de nuestros Guías, las condiciones y las zonas de acentuación para nuestra próxima estancia en la Tierra. A lo largo de una existencia dada, cada una de nuestras elecciones disponibles existe dentro de estos parámetros previamente determinados, que resultan, a su vez, de la historia de nuestras encarnaciones pasadas. Debemos trabajar siempre con lo que hemos sido, según evolucionamos hacia lo que ansiamos ser.

Resonancia morfogenética y ciclos curativos

Cuando llega el momento de regresar al plano terrestre, el alma compone los cuerpos mental y emocional para la próxima encarnación, a partir de una materia que exprese las gradaciones vibratorias presentes en esos cuerpos al final de la última encarnación. Como es muy raro que no aprendamos algo de cada estancia aquí y como siempre llevamos con nosotros todo lo logrado, es seguro que evolucionaremos en vez de involucionar. Lo que ha mejorado tiene sus componentes energéticos en esos cuerpos emocional y mental, así como todo lo que permanecía bloqueado o distorsionado en el momento de la muerte. Una vez más, la situación se parece a una escuela. Todo lo que ya hemos aprendido forma automáticamente parte de nosotros y debemos concentrarnos en lo que debemos aprender a continuación. Literalmente, corporizamos nuestras lecciones siguientes, pues todo lo que debe curar en lo pasado tiene su equivalente energético en uno u otro de nuestros cuerpos presentes. Más aún: *todo lo que siga distorsionado en nosotros atraerá más de lo mismo*. Esto ocurre porque los campos de energía similares se atraen entre sí, mediante un principio que Rupert Sheldrake llamó «resonancia morfogenética».

Para expresar esto de otro modo: atraemos a nuestro karma y nuestro karma nos atrae. Automáticamente las personas, los hechos y las circunstancias que se adecuen o reflejen nuestras distorsiones se ven atraídos hacia nuestro campo energético y, de ese modo, dan forma a nuestra experiencia de vida. Mediante esas transacciones, llamadas «ciclos de curación», se nos brinda la oportunidad de mejorar o, si resistimos, de empeorar.

Cómo funcionan los ciclos de curación

Ya mejoremos, ya empeoremos, cada una de esas transacciones constituye un ciclo de curación, pues nos impulsa a través de nuestra distorsión. Y el entrar más profundamente en la distorsión aumenta la posibilidad de que terminemos por rendirnos y emerger.

En el caso de Jerry, cada nuevo intento de entablar una relación física daba origen a otro ciclo de curación, porque cada fracaso hacía más probable que, tarde o temprano, tuviera que rendirse e iniciar el proceso de curación. En realidad, Jerry no podía escoger entre curarse o no; sólo podía escoger cuándo hacerlo.

Esto vale para todos nosotros. Durante una encarnación, la vida es como un tren sobre sus vías. Podemos decidir cuándo detenernos, dónde y por cuánto tiempo. Hasta podemos optar por retroceder. Pero el rumbo que tomará nuestro viaje está fijado. La única cuestión verdadera es con qué celeridad llegaremos a destino.

Resistirnos a la curación es una de las pocas opciones importantes de libre albedrío que tenemos en una encarnación. Mientras resistamos, la distorsión o el bloqueo seguirán creciendo, pues acumulan más y más energía ligada con más y más experiencia. Con el correr del tiempo (esto requiere a veces vidas enteras, pero el alma cuenta con toda la eternidad) el mismo peso o masa de la distorsión llega a aplicar presión suficiente para obligar a un cambio. Por fin quedamos exhaustos y nos derrota nuestra obsesión por el dinero, los bienes materiales, el poder, la fama, el orgullo, la vanidad, la pacatería, la victimación o lo que sea. Como Jerry, al derrumbarnos bajo el peso de la obsesión o el engaño nos vemos paradójicamente devueltos a la integridad, una vez que nos reconocemos derrotados.

Falsos dioses y ciclos de curación

La exhortación bíblica «No adorarás a otros dioses más que a mí» se refiere a nuestra relación con nuestra propia alma. Todo lo que se interpone en la marcha de esa relación, todo lo que adoramos en su lugar, es un falso dios, una imagen que generalmente arrastramos de vida en vida y que nos ha apartado de nuestra naturaleza más elevada; por lo tanto, tarde o temprano debe ser destruida.

Paul tenía un viñedo, una magnífica parcela de tierra soleada y protegida, que estaba frente a una apacible ensenada y se elevaba sobre las suaves colinas erguidas frente al mar. Había allí una elegante casa de campo, en la que él había pasado los días más felices de su niñez. Solo allí con su madre y el personal doméstico, Paul se alegraba de que su padre permaneciera en la ciudad y sólo fuera a la casa algunos fines de semana, durante esos largos y dulces veranos.

No había playa como esa bienamada playa, no había tierra como la que alimentaba sus vides ni panorama como el que se veía desde las colinas; no había en el mundo entero una casa tan agradable, luminosa y aireada, tan llena de dulces recuerdos como aquélla, que mucho tiempo antes había convertido en su domicilio permanente.

Y ahora iba a perderlo todo. Por naturaleza, se parecía mucho más a su madre, soñadora y tierna, que al exigente y despótico padre; tampoco tenía cabeza para los negocios. Era más impulsivo que astuto; tras la muerte de su padre, la considerable fortuna que había heredado disminuyó hasta desaparecer. Hipotecó el viñedo para compensar las pérdidas, pero luego descubrió que debía hipotecarlo aún más, arriesgando lo único que no soportaba perder. Desde hacía un año la hipoteca estaba vencida; sólo gracias al dinero prestado vivía aún en el sitio que más amaba en el mundo.

De sus tres matrimonios sólo tenía un hijo: Phillip, quien toda su vida había oído decir que algún día el viñedo sería suyo. Paul no parecía darse cuenta de que Phillip no compartía su interés por la casa ni por la tierra; las grandes ciudades, atestadas de gente que hablaba y se movía deprisa, lo atraían mucho más que ese desierto sector de playa o los surcos de disciplinadas vides, cargadas de uvas magenta. Era un hábil comerciante, como su abuelo, y había amasado una considerable fortuna propia. Paul quedó atónito al enterarse de que su hijo no estaba dispuesto a rescatar la propiedad.

Aunque no podía aceptar este hecho no era el amor por su hijo lo que provocaba sus ansias de legarle el viñedo. Por el contrario, su amor por el viñedo redoblaba la importancia de contar con un heredero en Phillip. Y ahora Paul soportaba, desde hacía años, la amenaza de perder su bienamada tierra, debido a la indiferencia de su hijo por la propiedad y, al parecer, también por su padre. Por falta de dinero para el mantenimiento, la casa iba perdiendo su encanto y el viñedo se había convertido en una triste maraña de hierbas. Una semana antes de desocupar el lugar para cederlo a sus nuevos propietarios, Paul sufrió un ataque cardíaco casi fatal.

Cuando Phillip fue al hospital para verlo, Paul expresó poco interés por vivir, puesto que había perdido cuanto le importaba. Culpó amargamente de esa pérdida al egoísta de su hijo, a lo cual Phillip respondió fríamente: «Amabas demasiado esas tierras, papá; más que a nada o a nadie.»

Paul sobrevivió a una indispensable operación quirúrgica, se recuperó lentamente y, con el correr del tiempo, se casó por cuarta vez. Sally era una mujer enérgica y alegre; a diferencia de las esposas anteriores, no tenía que competir con el viñedo por el amor y la atención de su marido. Se adecuó sin dificultad al carácter poco práctico de Paul; lo ayudó a ordenar los bienes restantes, lo instó a ser más emprendedor en sus asuntos financieros y le aconsejó suavemente que se reconciliara con Phillip.

Paul tardó muchos años en superar la amargura contra su hijo. Por fin, ya cerca de los ochenta años, se reunió con él para reconocer la verdad de aquella acusación.

—Tenías razón —admitió—. Yo amaba demasiado aquella tierra. Sabe Dios que era hermosa, pero yo siempre la antepuse a todo. Habría sacrificado cualquier cosa, a cualquiera, con tal de retenerla. En realidad, creo que eso fue exactamente lo que hice... y lo siento.

No es sorprendente que los dos hijos de Phillip, ya adultos, desconcierten al padre con una total indiferencia por el mundo de los negocios y las finanzas. Ambos están dedicados a una empresa de cultivos orgánicos cuyos escasos ingresos apenas les permiten subsistir. Phillip les da verdaderas conferencias sobre las utilidades que obtendrían con tantas horas de trabajo en otros tipos de actividades, pero ellos no le prestan atención. Por algún motivo, sus visitas a la granja resultan más fáciles cuando va acompañado por Paul y Sally...

En la ascendencia masculina de Paul, el apego al dinero alternaba con el apego a los bienes en la preeminencia sobre las relaciones humanas. Es interesante notar los cambios incrementales de esta actitud, en el sucederse de las generaciones, así como la manera en que cada generación se contraponía a la precedente y a la que le seguiría. Obviamente, la historia de Paul es un ejemplo del fuerte factor que representa nuestro campo de experiencia en cuanto a proporcionarnos la oportunidad de enfrentarnos a nuestras lecciones.

Muchas veces esas lecciones provienen del trabajo que efectúa nuestro cuerpo emocional para atraer hacia nosotros, de entre un vasto mar de desconocidos, a las personas y las situaciones más adecuadas para ayudarnos a avanzar a través de nuestras distorsiones.

Cómo atraemos las lecciones del ambiente

La historia de Ardath ilustra el principio de atracción entre las distorsiones similares y muestra el funcionamiento de los ciclos de curación. Al igual que Jerry, era una víctima de incesto, pues había sufrido los abusos de su padrastro a lo largo de diez años. Pero ella no pudo reprimir el recuerdo de esos abusos; a diferencia de Jerry, vivió diariamente con él hasta los treinta y cinco años, momento en el que decidió someterse a terapia. Eligió a un sacerdote que se especializaba en tratar a adultos con «problemas de confianza».

Este sacerdote-terapeuta solía requerir a sus pacientes que, mientras relataban incidentes traumáticos de la infancia, permanecieran tendidos en el suelo con los ojos vendados y se dejaran tocar y abrazar por él. Aunque esto era, supuestamente, un ejercicio para fortalecer la confianza, en el caso de

Ardath no hizo más que fortalecer su sensación de intranquilidad. El sacerdote le aseguraba constantemente que, aunque tomaría tiempo, si perseveraba habría un avance. El avance se produjo un día en que Ardath, en ascuas por su desasosiego, se quitó súbitamente la venda y vio al pastor de pie ante ella, masturbándose. Su espanto y su repugnancia fueron intensos. Entre las excusas y explicaciones que el sacerdote balbuceaba, ella huyó del consultorio en medio de una tormenta emocional. En el curso de pocos días la abrumó una profunda depresión, acompañada por un irracional sentimiento de culpa por haber aceptado participar en el ejercicio de ojos vendados, con lo cual había provocado, quizá, la conducta del hombre.

Aún más desconfiada que antes, pero casi incapacitada por la depresión, acabó por buscar nuevamente ayuda; en esa ocasión recurrió a una terapeuta. Esta profesional, que reconoció la ira oculta bajo la depresión de Ardath, la instó a presentar una demanda legal. Con el apoyo de la nueva terapeuta, Ardath pasó dos años aplicando una presión incesante al fiscal de distrito que estaba a cargo del caso. Aunque varias mujeres más se habían presentado con relatos similares, ella era la única testigo dispuesta a prestar declaración, y el fiscal se mostraba renuente a iniciar la querella. Pero Ardath no cedió ni permitió que la cuestión se acallara.

Por fin el caso llegó a los tribunales y el sacerdote se declaró inmediatamente culpable. Así acabó todo. Ella había ganado la batalla librada en favor de la niñita que fuera, a quien nadie quiso escuchar, a la que nadie creía y que no tuvo defensor en todos esos años de maltrato. Ya adulta se convirtió en su propia defensora y, por lo tanto, efectuó su curación.

Una nota final para esta historia: algunos meses antes del horrible descubrimiento de Ardath, yo oí la voz de ese hombre en un contestador telefónico, al responder a una llamada suya por cuestiones comerciales. Aún no he podido olvidar su voz, siniestra y seductora al mismo tiempo. No obstante Ardath y otras mujeres confiaron en él al punto de hacer lo que indicaba, incluso tenderse en el suelo a sus pies, con los ojos vendados. ¿Por qué? ¿Cómo no percibieron que era tan obviamente indigno de confianza? *Porque estaban iniciando otro ciclo de curación*. Es preciso recordar que empeoramos antes de mejorar, que nos hundimos más y más en el problema a fin de rendirnos por fin a la curación, cualquiera que sea.

La rendición hizo que Jerry aceptara revelar su secreto y consultara con un terapeuta; esto, a su vez, lo llevó a reconocer su historia de abusos y a iniciar una recuperación de doce pasos. Paul tuvo que perder lo que más amaba (su finca) para poder reconocer lo que su obsesión le había costado en términos de relaciones humanas. Y cuando Ardath renunció finalmente a desempeñar su pasivo papel de víctima, el ciclo de curación la llevó al indispensable paso siguiente: defender su propia causa y convertirse en abogada de la niña que había sido. En cada caso, podemos suponer sin miedo a equivocarnos que los temas tocados por esos ciclos de curación se prolongaban muy hacia atrás, en vidas pasadas.

Los ciclos de curación reintroducen temas no resueltos en vidas anteriores, una y otra vez, hasta que se produce el descubrimiento. Cuando la conciencia es completa ya no resulta necesario continuar con los ciclos de curación en una dirección dada. (Nuestros Guías son, con frecuencia, las personas que fuimos en una vida en la cual se logró un ciclo de curación de especial importancia.)

Otra experiencia inolvidable que tuve algunos años atrás me aclaró para siempre, en parte, el misterio de cómo preparamos o iniciamos estos necesarios ciclos de curación.

Cierto día me reuní con dos mujeres, con las que debía arreglar algunos negocios, para almorzar en un elegante hotel de la costa marítima. Entramos juntas en el comedor y nos dirigimos a nuestra mesa, desde la cual se veía el puerto.

Mientras leíamos el menú una de ellas, Darla, se inclinó hacia nosotras para susurrar:

—¡Muchachas! Si queréis saber cuál es el tipo de hombre que me atrae de verdad, es ése.

E inclinó la cabeza hacia el camarero que acababa de servirnos el agua. Hasta entonces yo no había reparado en él, pero en ese momento sufrí una desagradable sorpresa. La inmediata impresión que me causó su porte de bulldog, los ojos juntos, el mentón saliente y la curva de los labios era la de un hombre con tendencias violentas, que muy posiblemente gustaba de humillar a las mujeres. Sólo pude comentar:

—¿De veras? ¿Ése? A mí me parece peligroso.

Darla se limitó a sonreír.

—Bueno —dijo Lonnie, en tono de confidencia—, ya que tocamos el tema, os voy a decir por qué me he sentado aquí, de espaldas al panorama. ¿Veis a ese hombre, el de allí? —lo señaló con una mirada rápida por encima del hombro, que se cruzó por un instante con la de él—. No ha dejado de mirarme desde que entramos.

Y era cierto. Ese hombre maduro y grueso, de traje muy fino, reclinado en la silla, miraba a Lonnie como quien observa a una potranca purasangre en subasta antes de hacer una oferta. Al igual que el camarero de Darla, me resultó por completo invisible hasta que ella lo señaló. Había un decidido contacto energético que zumbaba entre ese hombre, obviamente poderoso y acaudalado, y Lonnie, tanto más joven, que ahora le sostenía abiertamente la mirada. Mientras tanto el camarero volvió a llenarnos los vasos de agua; era palpable la textura del intercambio entre él y Darla, callado, pero lleno de carga sexual.

Durante el almuerzo descubrí unas cuantas cosas sobre esas mujeres. Ambas se habían criado junto a padres alcohólicos que abusaron sexualmente de ellas. El de Lonnie heredó una considerable fortuna, que con el correr del tiempo fue reduciendo a la nada por su afición a la bebida y al juego. El padre de Darla, que ejercía violencia física y abusaba sexualmente, era un carcelero abandonado por su esposa cuando Darla era aún bebé. Volvió a casarse dos veces, ambas con mujeres muy seductoras en su conducta y en su modo de vestir, como Darla. Ella, morena y voluptuosa, tenía una larga historia de amoríos breves, generalmente con hombres mucho más jóvenes que ella y que solían ser violentos, adictos al sexo, o ambas cosas a la vez. Nunca se casó. Lonnie se había casado dos veces, ambas con hombres bastante pasivos, adictos a la pornografía y con dinero heredado.

Durante el almuerzo con estas dos mujeres, mi experiencia fue una de las más iluminadoras en una vida dedicada a entender los principios de la atracción. Estaba presenciando cómo actúa la resonancia morfogenética (el principio según el cual las energías o vibraciones similares se atraen). Cada una de esas mujeres resonaba con cierta vibración: una, con codicia; la otra, con violencia; ambas con adicción sexual. Ellas me demostraron de qué modo cada uno de nosotros abraza inconscientemente su karma y elige las experiencias de su vida, mediante lo que invoca en su medio y lo que, a su vez, es evocado en sí mismo. De algún modo Lonnie comunicaba al magnate del comedor que, en verdad, estaba en venta al mejor postor, aunque él fuera algo demasiado agresivo para sus preferencias. Y Darla anunciaba al camarero que era tan sexualmente agresiva como él.

Resultaba fácil comprender que Lonnie y Darla repetirían sus patrones con los hombres, hundiéndose en problemas cada vez peores hasta que los temas subyacentes surgieran con fuerza a la conciencia. Pero al hundirse cada vez más, ellas mismas tendrían mucho de qué acusarse. En otras palabras, en el proceso generarían mucho karma. Ese karma, activado por la resonancia morfogenética, continuaría produciendo ciclos de curación cada vez más drásticos. Mediante este principio de la atracción entre similares en el plano energético, tenemos una exposición básica del karma personal, familiar y grupal en acción.

El karma equilibra

El concepto del karma fue ampliamente introducido en el pensamiento occidental con el surgimiento del interés por las religiones orientales que se produjo en la década de 1960.

La palabra sugiere el funcionamiento de un destino para equilibrar la balanza por actos pasados, incluidos los de otras vidas. Podemos referirnos al concepto del karma cuando nos enfrentamos a un hecho por lo demás inexplicable, para dar a entender que, si se supiera todo, se está cumpliendo una justicia sutil. Con frecuencia se destaca el aspecto temible y retributivo del karma; en realidad, es la única definición que muchos conocen. Sin embargo, no es ésa su esencia. El karma no es un principio punitivo ni vengativo sino equilibrante.

Al pasar por el necesario asunto de la encarnación, que consiste en expandirnos a través de diversas dimensiones de experiencia, creamos todo tipo de efectos, reacciones y repercusiones. La Ley del Karma asegura el equilibrio a lo largo de toda esta actividad y expansión. Por lo tanto, en su sentido más amplio es una ley para curar los extremos y restaurar el equilibrio. Pero desde nuestra perspectiva, necesariamente limitada, su implacable trabajo puede parecernos muy duro. Y si no hubiera una clave por la cual se pudiera revertir el infinito proceso por el que se genera más y más karma, nuestra situación no sería de evolución sino de involución. Llegaríamos a empantanarnos tanto en las reacciones en cadena que no habría esperanza de alivio. Por suerte, la clave existe. Es el perdón.

El perdón cura

Perdonar de verdad requiere comprender de verdad. Debemos ser capaces de mirar con claridad toda la escena, no retroceder ante ninguna parte, no negar nada, aceptarlo todo. En cierto sentido, esto significa que debemos convertirnos en expertos con respecto a lo que es preciso perdonar, para ver todos los aspectos, no sólo el propio.

Un ejemplo. Hace muchos años, durante un taller de trabajo sobre el tratamiento del incesto, uno de los participantes se identificó como agresor y reconoció que había abusado sexualmente de su hija. Por un largo instante reinó un silencio de estupefacción. Luego él pasó a describir su encarcelamiento, la terapia que él y su familia habían recibido y su recuperación, que duraba desde hacía muchos años. Ahora se dedicaba a asesorar a los hombres encarcelados por el mismo delito. Junto con su esposa y su hija, participaba de discusiones grupales con las familias de estos hombres. Su franqueza creó un ambiente que permitió a otros participantes del taller conversar sobre sus propias experiencias de abuso sexual. Como él era un modelo de valor, dignidad y humildad, así como de franqueza, hizo posible que algunos de los terapeutas presentes, a su vez víctimas de incesto, adquirieran una mayor comprensión de la persona que los había violado. Dejamos de interactuar como profesionales y nos convertimos, en cambio, en expertos; recurrimos a nuestra experiencia en la lucha para comprender este problema humano. Esa comprensión, cuando se logra, lleva con el tiempo al perdón. Y el perdón es el paso final de nuestra curación. Mediante el perdón somos perdonados.

Esa frase del Padrenuestro que dice: «... perdónanos nuestras deudas así como nosotros perdonamos a nuestros deudores», adquiere un nuevo significado si uno amplía su perspectiva para incluir las muchas dimensiones de sí mismo, expresadas a lo largo de muchas vidas. Recordemos a Jerry, el niñito que fue la víctima, y a Jerry ya hombre, camino a convertirse en el violador. Sin duda ambos papeles, el de víctima y perpetrador, existen también dentro de nosotros, cuando analizamos nuestra evolución a lo largo de muchísimas vidas. A fin de curar por completo debemos reconocer, por fin, que no somos tan diferentes de nuestro enemigo después de todo. Y entonces, como nuestro enemigo representa esa parte hasta allí inadmisible de nosotros mismos, la parte que hemos venido a curar, debemos aceptar o amar a ese enemigo que nos ha ayudado a reconciliarnos con nuestro ser o alma.

George Stevens, el reverenciado director cinematográfico, dijo que, mientras se preparaba para hacer la película *El diario de Ana Frank*, debió primero reconocer plenamente al nazi que llevaba dentro. Así debemos todos, diariamente, reconocer en nosotros al nazi, al asesino, al adúltero, al mentiroso, al falsario y al ladrón. Mientras no lo hagamos nos encontraremos con ellos fuera, una y otra vez.

Nuestro propio resentimiento, la amargura, el odio que sentimos hacia el que percibimos como enemigo y los males que deseamos a esa persona, todo eso constituye configuraciones del mal más potentes que cuanto ocurre en el plano físico. Para que se nos perdone el daño que hemos causado debemos perdonar todo el daño que nos han hecho. Es decir: debemos devolver bien por mal. En el acto mismo de perdonar se purifica nuestra aura y se eleva nuestra vibración.

En el Nuevo Testamento se nos dice que debemos perdonar, no una ni varias veces, sino «setenta veces siete». En otras palabras, debemos perdonar interminablemente y sin reservas. Tal vez aún no comprendamos conscientemente en qué deuda hemos incurrido que haga necesario nuestro perdón, pero la resonancia morfogenética (el karma en acción) garantiza que atraeremos, no sólo nuestras lecciones, sino nuestras deudas y la oportunidad de pagarlas. Y cuando aparezcan, el que podamos saldarlas de modo rápido e indoloro depende mucho de nuestra actitud.

Hace años sucedió algo que no comprendí en ese momento; ahora comprendo que demuestra la operación de la resonancia morfogenética, los ciclos de curación y de perdón. Me dirigía a un público, predominantemente femenino, sobre el tema de la adicción a las relaciones. Cuando hice una pausa para permitir preguntas, una joven atractiva, alta y rubia, levantó ansiosamente la mano desde la primera fila. Ante mi gesto afirmativo se levantó para dirigir sus preguntas a todos los presentes.

—Lo que quiero saber —manifestó, con un tono suave y melodioso— es por qué siempre atraigo a los huérfanos.

Por el público corrió una pequeña agitación divertida. Ella frunció el entrecejo.

—¡Pero es cierto! ¿Hay alguien aquí a quien le pase lo mismo? ¿Alguien que atraiga a los huérfanos? ¡Apenas hace un par de días que estoy en esta ciudad y ya conocí a dos: uno en el aeropuerto y otro en el vestíbulo de mi hotel. De veras, es como si los atrajera con un imán! ¿Cómo lo hago?

La pregunta era desconcertante. Yo, por cierto, no conocía la respuesta. Aún no sabía nada sobre la resonancia morfogenética, pero sí que, desde los primeros años de mi adolescencia, atraía siempre a muchachos y después hombres con serios problemas de alcoholismo y drogadicción, y ellos me atraían a su vez. Tras pasar años trabajando como terapeuta, reconocí que muchas otras mujeres atraían invariablemente a cierto tipo de hombres con problemas: violentos, adictos a las drogas, sexualmente compulsivos o maniáticos del trabajo. Hasta conocí a una mujer que, sin darse cuenta, se las compuso para casarse con dos travestis. Por eso tenía conciencia de que muchos seguíamos ciertos patrones de relación, dando y recibiendo señas sutiles que nos hacían elegir y ser elegidos por cierto tipo de personas. ¡Pero huérfanos...!

—¿Usted es hija adoptiva? —le pregunté.

—No, nada de eso. Una familia muy común —respondió.

—Bueno, ¿y qué piensa de los huérfanos?

—Oh, siempre me dan mucha pena. —El tono melodioso se acentuó—. Siento que debo ayudarlos, ¿no?

Asentí.

—Aun así —continuó—, ¿cómo saben ellos que yo soy así? —Volvió a mirar al público—. ¿A alguno de ustedes se le presentan constantemente hombres huérfanos?

Todos los presentes sacudieron la cabeza; algunos, divertidos; otros, perplejos. Luego comenzaron a bombardearla con preguntas.

—¿Parecen necesitar ayuda? —preguntó alguien, a poca distancia.

Ella caviló.

—Generalmente, no. Algunos visten mucho mejor que yo —confesó, sonriente.

—¿Se lo dicen de inmediato? —preguntó una voz desde atrás.

—No. Antes tardaban más, pero he acabado por preguntar desde un comienzo.

El público estaba entusiasmado.

—¿Y sus amigas? —preguntó alguien más.

—Una de mis dos mejores amigas es huérfana —dijo ella, en voz tan baja que debió repetirlo para que la oyeran.

—¿Y por qué cree usted que le ocurre esto? —la desafió un hombre, tras ella.

—Tal vez sea algo en mi aspecto. ¿Ustedes lo notan?

Giró con lentitud, invitando al análisis. La gente la estudió con atención, pero nadie logró captar qué señales reveladoras transmitía a esos hombres que, de un modo u otro, habían perdido a sus padres. Ella volvió a mirarme, interrogante.

—No sé. No veo nada —le dije—. Es que yo no soy huérfana.

Hubo otro murmullo divertido. Formulé la pregunta siguiente:

—¿Qué suele ocurrir en esas relaciones?

—Oh, somos amigos por un tiempo y después nos vamos alejando —respondió.

—¿Sin rencores? ¿Malas experiencias?

—¡Oh, nooo! —prolongó la palabra para darle énfasis—. ¡Nunca! Bueno, a veces les presto dinero, los ayudo a conseguir trabajo, a independizarse o a comenzar los estudios. Lo que sea. Les doy aliento, ¿no? Así que, por algún tiempo, les sirvo de apoyo. —Miró alrededor—. Pero ¿acaso no hacemos todos lo mismo? ¿Tratar de ayudar?

Entre ese público, compuesto en su mayoría por mujeres que se esforzaban demasiado en sus relaciones con hombres, una mujer gorjeó:

—Sí. ¡Por eso estamos aquí!

La rubia agachó la cabeza, algo azorada.

—Bueno, de cualquier modo no es más que amistad. Y después —movió graciosamente la mano por el aire— se esfuman hasta desaparecer de mi vida.

Me miró, reafirmando su complicada pregunta y, como yo volví a encogerme de hombros por falta de respuesta, se sentó otra vez.

Hoy diría que esta mujer estaba resolviendo alguna deuda kármica con todas esas personas sin padres que aparecían en forma misteriosa en su vida. Lo sugiere así, sobre todo, el hecho de que ella los ayudara de tan buena voluntad, sin esperar recompensa emocional ni financiera. Cualquiera que fuese el motivo de estas relaciones, su historia subraya el hecho de que las relaciones humanas significativas se deben a cualquier cosa menos al azar. Cuando nos encontramos y establecemos lazos mutuos, no es sin una causa asignable. Aun cuando esta causa no sea reconocida y comprendida, allí está, operando como la equilibrante Ley del Karma.

El único «atajo» que he descubierto a través del karma es el perdón. Mediante el sencillo deseo de perdonar, toda nuestra situación se eleva a un plano superior que ese en el que opera la Ley del Karma. Ingresamos en un nivel donde ya no atraemos más dificultades y traumas similares mediante la resonancia. Entramos en el reino de la Gracia.

Y así, según realizamos las tareas grandes y pequeñas de cada encarnación, llenando meticulosamente cada espacio en el vasto mapa de nuestro viaje evolutivo, es el amor y el perdón los que, en definitiva, impregnan nuestra tela, cada vez más colorida, de una luz blanca y pura.

4

¿Para qué sirve el dolor?

En mis tiempos de joven terapeuta especializada en adicciones, yo me dedicaba a ayudar a los alcohólicos y drogadictos que me consultaban, pero mi éxito fue mínimo hasta que aprendí a pedir que todos mis pacientes adictos asistieran a las reuniones de Alcohólicos Anónimos o Narcóticos Anónimos. Sólo así, con la comprensión y el apoyo de otros que estaban en recuperación, podían muchos de ellos mantenerse libres y sobrios.

Aun así, no alcancé el éxito profesional sino cuando dejé a los alcohólicos y adictos al cuidado de esos programas y me dediqué exclusivamente a trabajar con sus familiares. Yo comprendía a esos cónyuges, padres, hijos adultos, a todos los que amaban a un adicto, porque yo compartía su situación. Yo también había amado a un adicto. Lo amé obsesivamente, como tantos de los que me consultaban, y aprendí a recobrarme de esa herida observando la recuperación de mis ex pacientes alcohólicos en AA. Utilicé los pasos y los métodos que ellos empleaban (incluyendo el rendirse a un Poder más elevado que uno mismo y un fuerte énfasis en el servicio). Ese programa comenzó a obrar también sobre mi herida, mi adicción a las relaciones, tal como obraba sobre la herida de ellos: la dependencia química.

Me avergüenza admitirlo, pero en otros tiempos pensaba que la fuente de todos mis problemas eran los alcohólicos presentes en mi vida. Hoy reconozco, agradecida, que cada una de esas personas fue un agente catalítico para lo que aún me parece una recuperación maravillosa, puesto que ha actuado sobre mis defectos de carácter más profundos, corrigiendo gran parte de lo que estaba mal en mi interacción con otras personas. Los años que pasé trabajando con familiares y escribiendo mis dos libros ayudaron a completar el ciclo curativo. Figuran entre los más productivos y satisfactorios de mi vida. Nada de esto habría sido posible sin la herida.

Por otra parte, los años que estuve sometida al tormento de mi coalcoholismo fueron sumamente dolorosos. Si alguien me hubiera dicho que todo eso era necesario, pues tenía mucho por saber y ésa era la manera más eficaz de aprenderlo... bueno, no creo que lo hubiera escuchado agradecida. Aunque, retrospectivamente, comprendo lo necesario y hasta lo perfecto que fue todo eso, aun aceptando que el don valía esos sufrimientos, aun así podría no haber aceptado a conciencia pasar por todo lo que viví a fin de aprender lo que ahora sé. Ninguno de nosotros se sometería de buena gana a esa herida tormentosa a fin de recibir el don, pues éste no parece valer tanto, desde nuestra poco esclarecida perspectiva.

Imagina que alguien se presenta ante ti para decirte: «En estos años siguientes vas a pasar por unas cuantas dificultades. Sufrirás una depresión constante, por momentos incapacitante, y un par de veces te derrumbarás por colapsos nerviosos. Pasarás por dos divorcios; por un tiempo perderás a tus dos hijos, que no podrán convivir con todas tus dificultades; desarrollarás graves alergias digestivas y otros problemas de salud. ¡Ah, también sufrirás una humillación profesional, cuando te despidan de tu empleo. Todo esto te pondrá de rodillas y por fin te rendirás a la necesidad de recibir la ayuda que necesitas, no de un terapeuta, sino de un grupo de colegas que te prestarán apoyo para que adoptes un enfoque espiritual de tus problemas. Tu recuperación demandará años, pero con el correr del tiempo aprenderás y comprenderás la importancia de muchas cosas que aún no captas siquiera. Entonces estarás realmente en condiciones de ayudar a otras personas en tu profesión, escribiendo libros sobre la adicción a las relaciones.»

¿Cuál sería tu reacción? A mí me ocurrió todo esto y más aún, pero de haber podido optar yo habría dicho: «¡Ni pensarlo! ¡No hay nada que valga tanto la pena para pasar por todo eso!»

Y si, pocos años después, me hubieran informado de que, a fin de escribir este tercer libro, primero debería pasar seis años largos y vacíos en reclusión, habría dicho: «No, no podría. Soy una persona demasiado activa. Tiene que haber otra manera...»

Ya ves por qué el alma no nos da alternativa. Sabe lo que necesitamos experimentar y diseña los cuerpos físico, emotivo astral y mental que, juntos, conformarán nuestro siguiente vehículo para la existencia en el plano terrestre. Estos cuerpos nos hacen atraer las experiencias necesarias sin consentimiento consciente. El alma sabe también que, en último término, aunque pueda demandarnos muchas vidas, el valor de las lecciones que hemos aprendido y la conciencia alcanzada sobrepasará ampliamente los sufrimientos soportados. Además, el sufrimiento se esfuma de la memoria, como los dolores de parto una vez nacido el bebé; de lo contrario, sus efectos duraderos se pueden elaborar más adelante, mediante ciclos de curación. Pero todo progreso de conciencia alcanzado durante la existencia en el plano terrestre pasa de encarnación a encarnación, pues se acumula en nuestros cuerpos energéticos sutiles. Se lo puede reestimular con bastante facilidad en una encarnación subsiguiente, una vez que alcanzamos suficiente madurez física, emocional y mental. Esto explica por qué gran parte de nuestro aprendizaje subjetivo encierra un «¡Ajá!»: es que traemos de regreso a la conciencia alguna verdad que ya estaba almacenada en lo profundo de uno mismo.

La espiral evolutiva

Considera lo que sigue como una fórmula para todo el viaje del alma durante la existencia en el plano terrestre, encarnándose una y otra vez en materia física con el fin de lograr la expansión de la conciencia:

Paz → Deseo → Experiencia → Herida → Rendición
↑ Iluminación ← Don curativo ← Intervención divina ↓

Toda evolución se produce en una espiral o ciclo; después de cada giro de la espiral hay un punto de conclusión, una saciedad que dice: «Con esto basta.» Entre dos encarnaciones tenemos un período de descanso. Al fin esa paz es de nuevo agitada por el deseo de expansión. En los seres humanos es el deseo lo que crea el impulso hacia cada oportunidad de expresión física. La espiral gira hacia arriba hasta que la iluminación última nos libera definitivamente de la necesidad de expresión física. Todo lo intercalado se experimenta a fin de contribuir a esa iluminación. Esta fórmula se aplica a todo el viaje asumido por cada uno de nosotros por cuenta del alma; se inició hace muchos milenios, cuando el alma respondió por primera vez al reclamo de enviar una porción de sí abajo, a la materia física, con el siguiente propósito:

EXPRESIÓN • EXPERIENCIA • EXPANSIÓN

La fórmula se aplica también a cualquier episodio de expresión, experiencia y expansión dentro del viaje más amplio. Un episodio puede producirse dentro de una sola vida o extenderse a lo largo de muchas antes de que se alcance la conciencia que cura mediante la comprensión y el remedio.

¿Cuál es tu herida?

Con toda probabilidad, si estás leyendo este libro es porque, en términos de la fórmula para la evolución de la conciencia, estás envuelto en un episodio en el punto de la herida y luchas por librarte de su dolor. Es herida cualquier situación que te cause un profundo y duradero malestar emocional, aunque la misma situación no afectaría a cualquier otra persona de igual manera. La herida puede basarse en factores internos o externos; puede ser infligida por otros o por el Destino; puede ser una situación permanente o de las que, con el tiempo, disminuyen o dejan de ser una carga. Cualquiera que sea su naturaleza, casi siempre pensamos que nuestra herida es injusta e inmerecida. Finalmente, como veremos, la herida se experimenta de modo muy distinto en diferentes etapas de la curación. Lo que en un momento considerábamos una prisión constrictiva se convierte más adelante en una puerta a la comprensión.

Echemos una mirada a tu herida y al efecto que tiene en tu vida y tu conciencia. No intentaremos «arreglarla», porque lo que buscamos no es eso, sino expandir la conciencia. Sin embargo, una mayor comprensión acelera el proceso de curación y expansión.

Podría resultarte útil especificar el nombre de tu herida, en forma directa y concisa. Utiliza una palabra o la frase más breve que puedas, como en los ejemplos siguientes:

> Enfermedad mortal • Sida • Adicción de un ser querido • Falta de amor • Desventaja • Inadaptación • Desempleo • Pérdida de un ser querido • Bancarrota • Impotencia • Minoridad • Inestabilidad • Aislamiento • Desfiguración • Acoso sexual • Discapacidad • Maltrato • Abandono • Adicción • Ser rechazado • Ser adoptado • Fracaso • Depresión • Divorcio • Tendencias suicidas

Ahora visualízate con un distintivo que anuncie al mundo entero tu herida, tu dolor, para que puedas experimentar en tu imaginación cómo te sentirías si no tuvieras que esforzarte tanto en continuar, pese a lo que te está pasando.

Ciertas costumbres tradicionales, como el luto o el brazalete negro en la manga, cumplían justamente esta función: liberar al doliente de responder a las expectativas habituales de la sociedad durante el período de luto. Hoy en día hemos abandonado esas prácticas casi por completo, pero por el momento te pondrás el «brazalete negro» bajo la forma de un distintivo imaginario, que te excusará de la necesidad de mostrarte «normal».

Yo solía aplicar una variante de esta técnica cuando dictaba un curso titulado «Comprensión de las adicciones». Solicitaba que todos los participantes usaran un distintivo anunciando una adicción contra la cual estuvieran luchando. Casi todos descubrieron algo gracias a las reacciones que provocaba este ejercicio. Algunos experimentaban vergüenza; otros se sentían «descubiertos». Había quienes sólo podían nombrar una adicción secundaria en vez de la que constituía su problema principal. Para muchos fue una sorpresa experimentar alivio, pues ya no tenían que seguir disimulando algo tan importante. ¡Y algunos no sabían cuál escoger!

Observa tus propias reacciones al imaginarte con un distintivo que identifica tu herida. ¿Sientes vergüenza? ¿Tanta que no puedes identificarla siquiera en tu imaginación? ¿Buscas una manera menos dolorosa de expresarla o escoges un problema menos acuciante? ¿O te sientes aliviado de que los otros lo sepan, porque tal vez alguno te comprenda? ¿Te sientes herido en tantas formas que te cuesta elegir sólo una? No hay reacciones correctas ni incorrectas. Observa cuál es la tuya, simplemente, pues te dirá algo sobre el modo en que estás tratando tu herida.

Admitir ante otros que nuestra herida existe es un paso inicial necesario para encaminarse hacia la fase de rendición, en la fórmula ya citada. Por esta razón, en los programas de doce pasos, las reuniones comienzan con los presentes admitiendo que son alcohólicos, drogadictos, glotones, jugadores o lo que sea; así se identifican abiertamente con lo que por mucho tiempo trataron de ocultar y que, de ese modo, estaba haciéndoles la vida imposible. Por supuesto, es más adecuado admitir eso en reuniones anónimas que en público. En este caso te pido que admitas tu herida sólo en tu imaginación, porque basta eso para ayudar a liberar en parte la energía que empleas para disimular lo que, al presente, es una gran parte de ti.

De cualquier modo, todos «mostramos» nuestras heridas en lo energético y todos podemos, aunque sea inconscientemente, detectar esas heridas en los campos energéticos ajenos. Se puede decir que, en un plano profundo, nada está oculto y no existen los secretos. A medida que continuemos evolucionando, acabaremos por leer conscientemente los campos de energía ajenos. Cuando así ocurra ya no será posible negar nada y será más fácil continuar con la propia curación.

Ahora bien: en una escala de uno a diez, ¿cómo clasificarías el impacto que tiene tu herida en tu vida? Dicho de otro modo: ¿qué porcentaje ocupa tu herida en lo que actualmente eres? Tómate un momento para evaluar esto. Muchísimas personas descubren que su herida representa el noventa por ciento o más de lo que son, en cuanto a sus pensamientos, sentimientos, conducta y uso diario de su energía. Debes comprender que el grado de dominio que la herida tenga sobre ti es también la medida de su poder de transformarte. Una herida profunda es un tema alrededor del cual se organizará tu herida hasta que esté curada y recibas su don. Por cierto, se puede ver la herida como parte de una conspiración entre el alma y el cometido de nuestra vida.

En qué sirven las heridas a la evolución

A veces, como en el caso siguiente, la herida nos empuja hacia el camino que el alma quiere hacernos tomar y al que la personalidad se resiste. Otro modo de decir esto es que una herida puede crear la presión necesaria para que avancemos en un ciclo de curación.

Bancarrota. La herida de Renée fue la bancarrota. Era doblemente canceriana; tanto su sol como su ascendente la imbuían de una gran ansia de seguridad. Cuando «lo perdió todo», para utilizar sus palabras, nunca se recobró del golpe. En los años en que la empresa de su marido, antes lucrativa, comenzó a fallar y su matrimonio se fue desmoronando por la tensión de los problemas financieros, ella buscó ayuda en muchos psíquicos, desesperada por un consejo que pudiera devolver el rumbo a su vida. Varias veces le dijeron que sí, que la vida de ambos estaba sufriendo varios cambios, pero que eso era necesario para que, al final, cada uno de ellos pudiera ser más feliz; eso no hizo sino intensificar su miedo. Aún no sabía que la inminente quiebra y el divorcio serían los catalizadores para la curación profunda de una herida mucho más honda, muy relacionada con quien ella era y su razón de estar aquí.

Aunque Renée y yo nos conocimos en un radiante día de verano, ella vestía toda de negro. El pelo, oscuro y largo, colgaba en un velo recto, tras el cual parecía esconderse. Sus grandes ojos tenían una expresión sobresaltada; una expresión crónica de miedo y preocupación prestaba un aspecto casi amenazador a su cara, tan bonita. Su aura, como la ropa y la expresión, era pesada, oscura y constreñida.

Renée se había divorciado hacía ya varios años, pero la pérdida de todo el dinero la preocupaba mucho más que el fin del matrimonio. Una y otra vez, iniciaba sus frases con las palabras: «Cuando teníamos dinero...» Desde la bancarrota luchaba por mantenerse sola; si decidió consultarme fue porque acababa de perder su empleo y no lograba hallar otro, situación que la estaba hundiendo casi en el pánico. Una amiga común le había dicho que yo interpretaba ocasionalmente el horóscopo y, una vez más, venía en busca de consuelo. Llegó desesperada por oírme decir que conseguiría otro empleo y que todo volvería pronto a la normalidad. En cuanto la vi, la intuición me dijo que jamás volvería «a la normalidad»; por el contrario, iría hacia delante, hacia un reino enteramente nuevo. Su edad confirmaba mi corazonada: tenía cuarenta y dos años.

Según la astrología, cabe esperar que se produzcan cambios significativos cada siete años, debido a los aspectos que asume Saturno en la carta natal. Pero a los veintiuno, cuarenta y dos, sesenta y tres y ochenta y cuatro años, la fuerza explosiva y revolucionaria de Urano se agrega a la tendencia saturnina a enseñar mediante el sufrimiento. Era de sospechar que Renée, estando en la decisiva edad de cuarenta y dos años, estaba a punto de sufrir una gran conmoción.

Su carta natal indicaba que, decididamente, tenía lecciones que aprender en esta vida, referidas al dinero y a la riqueza material. Pero más interesantes me resultaron las señales de un enorme poder y un notable don psíquico propio, que adoptaría una rarísima forma de expresión. Cuando se lo mencioné, Renée bajó la vista a su regazo, escudada tras su largo telón de pelo. Decidí no seguir hablando y esperar. Durante un instante, ella guardó un silencio tenso; luego admitió, incómoda, que su abuela había sido una psíquica muy dotada. Me limité a asentir con la cabeza y aguardé el resto del relato.

Por fin balbuceó que siempre había deseado ser psíquica, que poseía la capacidad de hablar con los animales, comunicarse con ellos y traducir esa comunicación a palabras. También recibía orientación que le indicaba cómo dirigir la energía para ayudar a la curación de animales enfermos o heridos. En realidad, varios amigos que conocían esa habilidad le solicitaban lecturas de sus mascotas o sus animales de exposición. Aquellos que tenían animales atacados por misteriosas heridas, enfermedades o conductas desconcertantes eran los que más le pedían ayuda. Hasta entonces ella se había negado a satisfacerlos, intimidada por la posibilidad de provocar la crítica o algo peor en cualquier grupo religioso o individuo que pudiera sentirse amenazado por sus «poderes». Cuando aventuré que un don tan maravilloso debía ser aprovechado, ella me espetó:

—¡Es obvio que a ti nunca te quemaron en la hoguera!

—¿Y a ti sí? —pregunté.

Por toda respuesta se retiró aún más tras su velo de cabellos y se retorció las manos; eran manos bellas y sensibles, con largos y finos dedos ahusados. Manos de psíquica, manos de curandera.

—Sólo sé que esto es lo que más deseo hacer en el mundo. Quiero ayudar y sé que puedo, pero tengo tanto miedo...

Dejó morir sus palabras y se estrujó las manos con tanta fuerza que los nudillos se le pusieron blancos.

Ese día, fue poco lo que pude decir para ayudarla, y no volví a verla hasta pasados dos años. En realidad, Renée tuvo que decirme quién era, sacudiéndome el brazo entre risas, mientras intentaba activar mi memoria. Nunca habría reconocido en esa mujer vibrante y alegre, cuyo pelo corto refulgía, a la misma Renée que había conocido dos años antes.

Esos dos años habían sido increíbles. Al fracasar en todos sus intentos de hallar empleo, como su situación financiera empeoraba sin pausa, Renée empezó, muy contra su voluntad, a hacer lecturas de los animales de sus amigos. Los resultados fueron impresionantes. Cada lectura, dirigida por sus Guías, incluía detalles sobre la historia de ese animal que ella no tenía modo de conocer, verificados por los propietarios actuales, los anteriores o los criadores. Su capacidad empezó a ser reconocida cuando los propietarios de varios caballos cojos informaron de que los animales volvieron a la salud gracias a sus «trabajos de energía» a larga distancia y a recomendaciones suyas que los propietarios respetaron. Empezó a desarrollar más confianza a medida que perfectos desconocidos le pedían lecturas sobre aves, serpientes, caballos, gatos y perros. Sólo requería el nombre y la fotografía del animal para sintonizar lo que él estuviera comunicando.

En general, los animales se comunican con los seres humanos que los sintonizan psíquicamente enviando imágenes telepáticas de lo que ansían, lo que les falta, etcétera. Renée descubrió que, a veces, le enviaban la imagen del ambiente o la situación que deseaban. Con frecuencia esta imagen se hacía realidad poco después, casi como si el animal le hubiera mostrado su futuro. Por ejemplo: un enorme e intimidante perro guardián, cuya propietaria trataba de hallarle un nuevo hogar, mostró a Renée la imagen de unos niños montados en su lomo. Antes de esa lectura su propietaria no lo consideraba adecuado para una familia con niños, pero pocos días después, cuando la madre de dos pequeños vio al perro en el parque y quiso llevárselo, pese a su feroz reputación, la mujer aceptó, aunque vaciló. Al día siguiente la nueva propietaria llamó para contarle que sus hijos se habían pasado la mañana montados en el perro, el cual parecía muy feliz.

Renée me contó, orgullosa, que ahora da clases para enseñar a muchas personas a comunicarse con los animales; esto, junto con las lecturas y los trabajos curativos, la mantienen ocupada y feliz. Ahora frecuenta mucho a su ex esposo, que ha iniciado una nueva empresa, de la cual disfruta mucho, y se está recuperando financieramente.

—Él me comprende mejor que nadie y entiende mi trabajo —comentó Renée—. Siempre me ha alentado a seguir este camino, pero yo tenía demasiado miedo para intentarlo, hasta que me encontré sola y no tuve más remedio. Ahora no me explico cómo pude vivir sin hacer otra cosa, y él también.

—¿Y en cuanto al dinero? —pregunté.

—Oh, eso. —Se echó a reír—. En realidad, hacía años que mis finanzas no estaban tan bien como ahora, pero ya no le doy tanta importancia. La verdad es que, cuando teníamos tanto dinero, yo no era realmente feliz; sin embargo, tenía mucho miedo de perderlo. —Su voz se tornó reflexiva—. Tal vez porque, en el fondo, ya sabía que estaba destinada a arreglarme sola y a trabajar como psíquica, y tenía mucho miedo de ir allí otra vez, por lo que pudiera pasar.

Noté que Renée había empleado la expresión «otra vez», pero no le hice ningún comentario. Como ella se había esforzado tan poco en esta vida para desarrollar su percepción psíquica y su habilidad curativa, lo más probable era que la hubiera desarrollado en otras encarnaciones. La bancarrota fue la herida que impulsó a Renée a reclamar esos dones innatos, que debe de haber pagado muy caros en otra época y en otro lugar. Sólo al utilizarlos otra vez pudo dar paz a la «bruja perseguida» que llevaba sutilmente en su conciencia y, hasta cierto punto, también en su aspecto. La curación de esa profunda herida de otra vida curó también la de esta existencia. La quiebra había cumplido su propósito, obligándola a rendirse a su propio proceso de curación. Y el miedo a la persecución hizo que examinara a conciencia los motivos de todo cuanto hacía en el reino psíquico.

—Debo admitir —prosiguió Renée— que en cierto modo comprendo que las lecturas psíquicas y la curación por energía puedan parecer peligrosas y hasta algo malo. Es porque se usa la voluntad y, a menos que uno se deje guiar en todo por una voluntad superior, lo que usa es sólo una voluntad terca y egoísta.

Hizo una pausa.

—Ahora rezo siempre y pido a diario orientación: antes de cada lectura, antes de cada clase. Quiero que mi único motivo sea el amor. Y siento esa guía y ese amor cuando operan a través de mí, aun cuando las cosas no son como yo creo que deberían ser. —Volvió a mirarme, serios los ojos—. Espero haber aprendido a no emplear mal mi don, a usarlo sólo de la manera más elevada posible.

En la época actual, que confiere tanto atractivo a dones psíquicos como el de Renée, tendemos a suponer que cualquier persona dotada de esas habilidades debe de tener una conciencia muy elevada. Esto no es más acertado que atribuir una gran evolución espiritual a quien tiene un don innato para la música, la pintura o la matemática superior. Cualquier don que nos hace sobresalir (una gran belleza, el talento, la inteligencia, la fuerza atlética o lo que sea) es en verdad una prueba. Cuanto mayor es el don, mayor el desafío de usarlo con responsabilidad, pese a las oportunidades y las tentaciones de hacer lo contrario.

Creo que Renée estaba atendiendo dos defectos de carácter

provenientes de vidas anteriores: la codicia y el egoísmo, que probablemente la habían llevado a abusar de sus poderes. En esta vida, su miedo a la persecución era garantía de que, si utilizaba sus dones, lo haría con responsabilidad. Fue un paso vital en su evolución, como psíquica y como alma encarnada.

Atender defectos de carácter a través de las heridas

Como veremos en este capítulo, las heridas y los defectos de carácter están estrechamente relacionados. A veces sufrimos una herida por un defecto de carácter que acerca a nosotros cierto tipo de personas y de hechos. En otros casos, la herida puede no resultar de un defecto de carácter, pero aun así es un medio de atender y superar fallas semejantes.

Analiza ahora, si quieres, los defectos de carácter que tu alma pueda haber decidido atender mediante tu dificultad o tu herida actual. Bien pueden estar representados en los que llamamos siete pecados capitales. Originariamente, «pecar» significaba «fallar el blanco». El arquero que arrojaba su flecha y no daba en el blanco había pecado. Pecar así es parte necesaria e inevitable del aprendizaje de todo arquero... y también para aprender a ser un alma en un cuerpo físico. Natural es también el impulso innato de superar el error, de alcanzar la perfección y dar en el blanco, como arquero y como alma encarnada.

Aunque los siete pecados capitales puedan parecer anticuados y arcaicos, aún siguen muy vigentes entre nosotros:

Ira
Orgullo
Gula
Codicia
Vanidad
Lujuria
Pereza

He aquí algunas de las reacciones humanas más naturales y previsibles ante las presiones y limitaciones de vivir en un cuerpo físico en el plano terrestre. Sin embargo, a medida que nos vamos reconciliando con el alma, todos esos defectos de carácter o pecados deben ser refinados hasta convertirlos en su opuesto. La ira debe evolucionar hasta convertirse en tolerancia; el orgullo, en humildad; la gula, en moderación; la codicia, en conformidad con lo que se posee; la vanidad, en modestia; la lujuria, en una relación casta, y la pereza, en la voluntad de cargar con el propio peso. A estos defectos de carácter yo agregaría dos: la obsesión egocéntrica, que debe ceder en el servicio al prójimo, y la terquedad, que tiene que ser reemplazada por la sumisión a una Voluntad Superior a la nuestra.

Analicemos por un momento las oportunidades que nos proporcionan las diversas heridas para atender particulares defectos de carácter. Si nos sentimos faltos de amor, por ejemplo, el verdadero problema puede estar en nuestra obsesión egocéntrica, nuestra exigencia de que nos presten atención. Si estamos desfigurados, quizás estemos aprendiendo a basar nuestro valer en algo que no sea el aspecto físico. Si sufrimos una desventaja económica, tal vez estemos atendiendo un arraigado hábito de codicia. Nuestra lección es, por lo tanto, aprender a compartir lo poco que poseemos, pues compartir es la base de la prosperidad saludable.

Todos estos ejemplos están excesivamente simplificados. En la mayoría de los casos, tanto la expresión de nuestros defectos como las situaciones por las que debemos atenderlos son muy personales. No vayas a pensar, por ejemplo, que todos los pobres lo son para curarse de la codicia. Al fin y al cabo, juzgar al prójimo también es un defecto de carácter.

Puesto que los defectos de carácter se desarrollan y ahondan a lo largo de muchas vidas, pueden ser necesarias varias encarnaciones para convertirlos en virtudes. Pero con el cultivo de cada una de estas virtudes nuestro egocentrismo es reemplazado por una actitud que toma en cuenta el bienestar del prójimo. Desarrollar esta conciencia de grupo es una de las tareas básicas a las que se enfrenta, tarde o temprano, toda alma en encarnación individual. Inevitablemente atraemos hacia nosotros la presión y las oportunidades que nos permiten hacerlo.

Descubrir la verdad mediante el trauma

Otra de nuestras tareas en la encarnación es desechar el error. Con frecuencia nuestras heridas se vinculan con algún error con el cual hemos vivido varias existencias. Aun cuando logramos, finalmente, emerger de ese error, es raro que sepamos apreciar la magnitud del proceso que hemos sobrellevado. El siguiente relato ilustra el vínculo que puede haber entre la herida de abandono y la falsa ilusión del rescate por obra de un salvador. Muestra el complejo proceso por el cual una persona se abrió paso hacia la verdad.

Jennifer nunca había pensado mucho en el tema de las vidas anteriores; no estaba siquiera segura de creer en ellas y nunca había esperado hundirse súbitamente en ese tipo de experiencias. Una antigua lesión de cuello y hombro hizo que recurriera a Irene, una hábil practicante de las técnicas de Ida Rolf para corregir con masaje profundo la desalineación estructural. Ésa era la novena de las diez sesiones acostumbradas. Mientras Irene trabajaba alrededor de la boca y las mandíbulas, para eliminar la tensión habitual, Jennifer emitió una serie de chillidos que fueron creciendo, hasta convertirse en alaridos de terror; su cuerpo era presa de violentas convulsiones.

Como Irene había pasado por una experiencia similar, al igual que varios de sus pacientes, reconoció de inmediato lo que estaba ocurriendo. Sujetando la mano a Jennifer, le dijo con serena firmeza:

—Mira y dime qué está pasando. Dime lo que ves.

Repetidas veces, pese a los gritos de la paciente, Irene insistió para que describiera la dura prueba. Cuando Jennifer pudo hacerlo, la escena fue perdiendo parte de su carga emocional, hasta que ella pudo relatar el incidente según se desarrollaba, desde el principio al fin.

—Es un niño de ocho o nueve años —comenzó—. No se me parece en nada, pero yo lo conozco. Sé todo lo que piensa y siente, quién es muy en el fondo.

»Fuera empieza a oscurecer. Nos hemos sentado a cenar. Todo es muy sencillo y tosco. Mi padre es granjero.

Luchando por dominar sus emociones, Jennifer continuó:

—Derriban la puerta a puntapiés. Ni siquiera los oímos llegar. Yo estoy de espaldas a la puerta, pero veo todo en la cara de mi padre. Es como si dijera: «Han venido.»

»Visten uniforme y dicen algo a mi padre, le gritan, pero no sé qué dicen. Dos de ellos van de cuarto en cuarto, rompiendo nuestros muebles con la culata de los fusiles. Hay una cortina que cubre la alacena, en la cocina, y allí es donde hallan lo que están buscando: el transmisor de radio que operaba mi padre. Lo ponen en la mesa y lo destrozan ante nuestra vista. Luego uno de los soldados me clava los dedos en el hombro —Jennifer hizo una mueca intensa, sintiendo el dolor—. Me arrastra afuera. Grito: "¡Papá, papá!»

Jennifer volvió a romper en lágrimas; su respiración se hizo rápida y superficial, en tanto se esforzaba por continuar.

—Me lleva detrás de un granero, empujándome con su fusil. Luego me aferra por los hombros y me estrella contra la pared, mientras grita. No puedo protegerme. La cabeza se me golpea contra la pared y me derrumbo. Entonces me patea; estoy en el suelo y él me patea una y otra vez. —Por entonces Jennifer estaba gimiendo—. No dejo de pensar: «Mi padre vendrá a salvarme. Él es muy fuerte. Vendrá a impedir esto.» —Miró a Irene por entre un torrente de lágrimas—. Eso es todo. Así termina.

Irene se sentó en la camilla, junto a Jennifer, y la abrazó

hasta que hubo desaparecido en parte la inmediatez aterrorizante de la escena. Luego explicó lo que Jennifer ya había comprendido: que probablemente había visto y sentido el violento final de su encarnación más reciente. Sugirió la posibilidad de que la existencia actual de Jennifer estuviera dominada por un tema relacionado con esa muerte cruel. ¿Podría Jennifer identificarlo?

Después de un largo momento de silencio, ella meneó la cabeza y respondió con suave convicción:

—Si me abandonan moriré. —Tras otra pausa larga agregó, con un gesto afirmativo—: Así me sentí cuando era ese niño y mi padre no acudió; abandonado. Y en esta vida me han abandonado una y otra vez.

Irene asintió.

—Yo diría que el abandono ya era un problema para ti aun antes de esa vida, porque así interpretaste el trauma: como abandono. Podrías haberte sentido desconcertada por el ataque: «Esto no es justo. Yo no he hecho nada para merecer esto.» En ese caso ahora podrías estar atendiendo el problema de la justicia, en vez del abandono. O pudiste sentir ira y el deseo de venganza. Ignorando que te quedaban pocos minutos de vida, pudiste haberte prometido: «Cuando sea mayor mataré a este hombre.»

»Lo que cristaliza en el momento de una muerte violenta suele fijar el patrón de la vida siguiente. Y la única manera de liberar esa energía cristalizada es mediante una perspectiva totalmente distinta o, en tu caso, el abandono.

—Eso es lo que ha ocurrido —dijo Jennifer—. Es como si me hubiera pasado la vida preparándome para lo que sucedió el año pasado, al morir mi esposo. Yo lo amaba mucho... lo amo —se corrigió—, pero pude permitir que se fuera, que me dejara, porque eso fue lo que él eligió. Creo que fue lo más difícil y lo mejor que hice nunca.

—Comienza por el principio —propuso Irene.

La historia de Jennifer, narrada sin rastros de autocompasión, era en verdad una saga de abandonos.

—Mi padre abandonó a mamá cuando yo tenía cuatro años. Yo lo adoraba, pero de pronto desapareció. Todavía recuerdo que no dejaba de llorar, preguntando dónde estaba mi papito. Pero como las preguntas enojaban a mi madre, aprendí a no hacerlas, aunque me moría por saber. A los cinco años también mi madre se fue y me dejó con mi abuela. De vez en cuando nos hacía una breve visita, cada dos o tres años, pero por entonces era más una desconocida que una madre. Cuando yo tenía unos trece años, dejó de venir. Mi abuela no respondía a ninguna de mis preguntas sobre mis padres. A él lo odiaba y de ella estaba muy avergonzada. Y yo seguía sin preguntar, para mantener la paz.

»Mi abuela siempre me hizo notar que yo era una carga financiera; por eso se alegró de que, a los dieciséis años, ganara un certamen y comenzara a ganar dinero como modelo profesional. Tuve bastante éxito y, a los dieciocho años, conocí a un hombre mucho mayor que yo, escritor. Sus atenciones me halagaban; me las compuse para ignorar que bebía mucho más de lo que escribía. Él me convenció de que lo acompañara a México, donde pasamos tres años en una especie de colonia de escritores. Hasta que él volvió a Estados Unidos, y me dejó con un embarazo de siete meses.

»Tuve a mi hija Lori en México; para mantenerla administraba casas de vacaciones para norteamericanos. Cuando a Lori le llegó el tiempo de ir a la escuela, volvimos aquí, a California, donde me había criado.

»En esos años tuve relaciones con varios hombres. Algunos me abandonaron por otra. Otros me abandonaron, simplemente. En su mayoría eran alcohólicos. Por fin, alrededor de los treinta y dos años, ingresé en AA. Ya no soportaba lo que la vida me estaba dando. Se me ocurrió que, si ingresaba en AA, descubriría cómo retener al último de mis alcohólicos. Aun así él se marchó, pero por entonces yo había aprendido de los otros miembros a resistirlo mejor. Por lo que oía en las reuniones, sumé dos más dos y comprendí que mi madre había tenido problemas de alcoholismo; sin duda mi padre también. Me había pasado la vida tratando de retener a un alcohólico u otro, aterrorizada por la posibilidad de que se fueran. En AA comencé a comprender que, a veces, la mayor muestra de amor es dejar que alguien se vaya. Ésa fue, para mí, la lección más dura. Algo en mí gritaba siempre: "¡No me abandones, no me abandones! ¡No quiero que me abandonen otra vez!".

»Tras un par de años en el programa tropecé con Gregor. Si existe la pareja perfecta, eso era Gregor para mí. Nos entendíamos a la perfección.

»Nos casamos un año después, aunque a veces me pregunto cómo tuvo el valor de asumir semejante compromiso. Mi hija no estaba conforme, y eso es decir poco. Tuve que ir a las reuniones de AA sólo para recordar que algunas cosas no se pueden cambiar ni componer. Nada deseaba tanto como que todos fuéramos felices juntos, pero eso nunca cuajó. Gregor era muy amable, paciente y afectuoso. Pero casi pienso que Lori echaba de menos todos los dramas que habíamos vivido con los alcohólicos.

»Una noche, de buenas a primeras, llamó el padre de Lori. En su vida la había visto, y así, de pronto, quería que ella viajara a Chicago para visitarlo. Después de esa llamada discutimos la posibilidad de que ella lo visitara en el verano. En cambio huyó. Subió a un autobús y fue directamente al apartamento del padre. Tenía catorce años. Gregor y yo, después de muchos exámenes de conciencia, decidimos respetar la decisión de Lori. Si la obligábamos a regresar podía volver a huir, y tratar de impedirlo nos habría amargado a todos. Los dos creíamos, supongo, que ella volvería por su propia voluntad. Pero Lori consiguió una agencia en Chicago y se inició como modelo a los quince años, tal vez siguiendo mis pasos, en cierto modo. Ahora tiene diecinueve y habla de dedicarse a la actuación. Es un estilo de vida muy sofisticado, pero creo que le sienta bien. Quizá porque no la vi convertirse en la joven que es ahora, todavía espero que entre por la puerta trasera, que vuelva a casa.

»Tras la huida de Lori, supuse que no podía pasar nada peor. Creo que, sin Gregor y AA, me habría vuelto loca.

»Y entonces, hace dos años, Gregor se derrumbó con un ataque de asma. Cuando llegamos al hospital no tenía signos vitales. Lo revivieron; pasó días enteros sin hacer otra cosa que llorar. Por fin me tomó de la mano y me dijo que no tenía miedo alguno y que iba a lanzarse. Ésas fueron sus palabras exactas: "Creo que voy a lanzarme."

»Yo entendí lo que eso significaba. Iba a vivir en vez de tratar de mantenerse vivo. Y a mí se me abandonaba otra vez. Pero también supe que ésa era su vida y que tenía derecho a elegir. Y comprendí que su elección era absolutamente acertada.

»Gregor era tallador de madera. Le encantaba ese trabajo, aunque lijar era muy malo para su asma. Amaba a los amigos que vivían en la zona; a muchos los conocía desde la niñez. Amaba las montañas donde vivíamos, llenas de tantas especies de chaparrales y mohos como no hay casi en ningún otro lugar de la tierra, por la humedad del océano. Eso era mortal para él, pero aquí tenía su corazón.

»Volvió a casa y recobró lentamente sus fuerzas. Todos sus amigos comenzaron a venir. Era casi como si hicieran peregrinajes para verlo. También vino Lori; le dijo lo mucho que lo amaba y lo agradecida que estaba por todo lo que le había dado como padrastro. Lo que ocurrió entre ellos fue todo lo que yo soñaba.

»Cada momento estaba lleno de vida, porque sabíamos que era tiempo prestado. Era como si estuviéramos en luna de miel: sinceros, libres, presentes, sin dar nada por sentado. Muchas veces, más de las que quisiera admitir, yo habría querido aferrarlo y rogarle que pensara en mí, que se mudara a un sitio donde pudiera respirar, estar a salvo, vivir... Pero estábamos viviendo tal como él deseaba, y ése era el único regalo que yo podía hacerle. Tuvimos todo un año antes de que sufriera otro ataque terrible; esa vez estaba solo, en la cabina de su camión, en el estacionamiento del supermercado.

La voz de Jennifer se redujo a un susurro. Después de un momento continuó hablando.

—A veces me pregunto si hice lo correcto. Podría haber discutido con él, insistir en que tenía la obligación de vivir por mí; pude tratar de que se mudara, de que no trabajara más. Pude no haberlo perdido nunca de vista. Pero aunque nadie más lo sepa, yo sé que dejarlo vivir ese año como deseaba, sin estorbarlo, fue lo mejor, la mayor muestra de amor que he dado en mi vida.

—Yo también lo sé —dijo Irene, estrujándole los hombros—. Y también sé apreciar la tremenda iniciación por la que has pasado. Una iniciación es una expansión de la conciencia, un medio de abrir la mente y el corazón al reconocimiento de lo que ya existe en la realidad. Eso es lo que te ha pasado.

»Supongo que has pasado vidas enteras explorando los temas de la pérdida, el abandono, la deserción. Terminaste tu vida anterior convencida de que el abandono representaba la muerte. Después de perder a tantas personas importantes en esta vida, por fin buscaste ayuda y aprendiste un enfoque completamente distinto de tus problemas. Aprendiste a dejar ir, a dejar que Dios obre, ¿no? A rendirte. Entonces sobrevino la prueba. Debías permitir que alguien a quien amabas tanto tomara una decisión por la cual serías nuevamente abandonada. ¿Te das cuenta de lo que has demostrado? Que el poder del amor es más fuerte que el poder de la muerte. ¡Qué victoria!

Jennifer meneó la cabeza.

—No lo siento como una victoria. Lo extraño demasiado.

Irene asintió.

—Lo sé. Pero ¿y si tuviéramos una cantidad fija de años para cada vida? Si es así, como yo lo creo, mira lo que pasó. En vez de tratar de complacerte, haciendo todo lo posible para posponer la muerte que tú temías y él no, Gregor pudo pasar ese último año exactamente como deseaba. Y fue tu victoria la que lo hizo posible.

—Las victorias no tienen por qué ser maravillosas, ¿no? —preguntó Jennifer, melancólica.

—Tal vez no, para la personalidad. Pero el alma sabe cuándo

hemos alcanzado algo de tanta magnitud como tú. Creo que, si hoy has tenido esa experiencia de tu vida pasada, fue para ayudarte a comprender lo que has logrado. Puede parecerte poca compensación, pero la posibilidad de ver, por fin, el modo en que todo se ordena es un don que proviene de tu alma.

—He rezado para comprender por qué debía ocurrir todo esto —admitió Jennifer—. Y ahora lo comprendo, al menos hasta cierto punto.

Descubrir el don en la herida

Ahora que has leído ejemplos del servicio que prestan las heridas a la evolución espiritual, pregúntate: «¿De qué modo obra mi herida sobre mí? ¿De qué modo me está incitando a crecer, a expandirme, a extender mi conciencia de lo personal a lo universal? ¿Cómo me ayuda a superar mis defectos de carácter y a liberarme de la ilusión?»

Recuerda que, cuando Jennifer rezaba por lograr comprender, y una vez que la herida hubo cumplido su propósito, las respuestas llegaron de una manera muy extraña. No todos tendremos experiencias de vidas pasadas tan gráficas como la de Jennifer, además de contar con una persona que pueda explicarnos su significado. En realidad, con respecto a las vidas pasadas debemos recordar siempre que nuestro único interés válido es el de nuestra vida actual. Ella contiene todo lo que debe interesarnos. Buscar revelaciones sobre vidas pasadas por pura curiosidad es, cuando menos, un gusto caprichoso y totalmente insalubre. Es preciso ocuparse de los temas, las presiones y los defectos de carácter que uno tiene en el presente. Sólo cuando hayamos superado hasta cierto punto los defectos de carácter puede sernos útil conocer los detalles de las vidas pasadas que vengan al caso. De lo contrario, no servirán más que para distraernos de nuestros desafíos actuales o como excusa para no enfrentarlos.

Una ley espiritual pertinente establece que, cuando llega

el momento adecuado, lo que debemos saber nos será revelado sin esfuerzo alguno de nuestra parte. Así lo demuestra la historia de Jennifer, pues ella no buscó activamente revelaciones sobre su vida anterior. La información se presentó por sí sola cuando era útil para profundizar su comprensión y su corazón.

Es prudente confiar en que el alma sabrá elegir el momento y el método para efectuar esas revelaciones. Gran parte de lo que atribuimos a la casualidad, al azar, es en verdad la obra sutil del alma. A veces nuestra captación proviene de algo tan simple como una conversación entre dos desconocidos oída por casualidad. Otras veces estamos leyendo un libro o viendo una película y de pronto vemos, sabemos. Puede ocurrir que, mientras meditamos o soñamos, algo se mueva en nosotros y surja una captación que no podríamos expresar con palabras. Pero nos vemos cambiados de alguna manera profunda e irrevocable.

¿Todo ocurre por casualidad, pues? ¿No hay nada que podamos hacer para facilitar un proceso esencialmente divino?

Como Jennifer, podemos pedir, podemos rezar pidiendo comprender nuestra herida, su finalidad, su lección. Podemos orar pidiendo fuerzas para no resistirnos a sus enseñanzas, pues cada vez que nos negamos a ocuparnos de nuestros defectos de carácter, éstos empeoran en vez de desaparecer. Entonces se hace necesario otro ciclo de curación.

El pedir no asegura que recibamos una respuesta inmediata que nos sea comprensible. Tampoco es promesa de que el dolor de la herida desaparecerá de inmediato. Pero si pedimos humilde y seriamente, avanzamos hacia el don de nuestra herida y nuestra propia iluminación.

5

¿Por qué mis relaciones son tan difíciles?

A veces, cuando hemos pasado mucho tiempo y esfuerzo buscando respuestas sobre un tema en especial, el Universo proporciona súbitamente una clave importante que ilumina nuestro entendimiento. Me he pasado la mayor parte de la vida preocupada, en lo personal y en lo profesional, por la naturaleza de las relaciones humanas, su dinámica y su finalidad; hace algunos años se me brindó una de esas claves. Por entonces yo aún practicaba la psicoterapia, pero experimentaba una creciente frustración con el enfoque con que se me había enseñado a comprender la conducta humana. Un día, mientras conversaba con una psíquica profesional sobre las dificultades que cada una encontraba en su trabajo, mi amiga afirmó acaloradamente:

—Lo que más me fastidia es que mis clientes utilicen una supuesta situación de vidas anteriores para justificar la perfecta idiotez que están cometiendo en la presente.

Luego describió el caso de una mujer a la que había visto algunas semanas antes. Mi amiga intuyó muy pronto que su matrimonio era un error sin esperanzas. Considerando el obvio tormento que constituía para ambas partes, se expresó sin rodeos:

—Ustedes dos deberían haberse separado hace años —dijo a su clienta.

Pero la mujer se limitó a sonreír enigmáticamente, explicando que, en los primeros tiempos de casada, había consultado a otro psíquico; éste le había dicho que, en otra vida, su esposo había sido un hijo al que ella abandonó y que, como resultado, padeció terribles sufrimientos y murió.

—Así que ya ve usted —dijo la mujer, con una intensa decisión en la voz—: de ningún modo puedo abandonarlo otra vez en esta vida.

—Pues será mejor que lo haga —le informó mi amiga, la psíquica—, porque tal como están las cosas, ¡lo está matando otra vez!

Relaciones y destino

Por muchos años me rondó en la mente la historia de esa mujer, decidida a asegurar la seguridad de su esposo a cualquier precio, con lo cual provocaba justamente el fin que deseaba evitar. Me parecía una alegoría críptica, una versión en términos de relaciones del clásico cuento de John O'Hara, «Cita en Samarra». Quizá recuerdes ese relato en el que un hombre se entera en el mercado, una mañana, de que la Muerte irá a buscarlo esa misma noche. Desesperado por evitar su destino, el hombre huye aterrorizado y viaja durante todo el día, hasta bien entrada la noche; cuando considera que ha puesto suficiente distancia entre él y la Muerte, decide detenerse a descansar. Ya entrada la noche, en la lejana Samarra, se encuentra de pronto cara a cara con la Muerte, que lo alaba por haber sabido presentarse a tiempo a la cita, pese a haber fijado un sitio tan lejano de su hogar.

Esta escalofriante leyenda y el relato de la clienta de la psíquica parecen estar expresando lo mismo: que sellamos nuestro destino con los mismos esfuerzos que hacemos para evitarlo. En verdad, se diría que, cuando creemos estar escapando no hacemos más que correr a toda prisa para abrazar el fin temido. Sobre todo en las relaciones parecen existir corrientes ocultas que utilizan nuestros deseos e intenciones conscientes para producir el efecto opuesto. Por cierto, parecería que cualquier relación significativa tiene, en realidad, una vida independiente con un propósito muy oculto a nuestra conciencia.

¿Se corresponde esto con tu propia experiencia, en algún sentido? ¿Nunca has tenido la sensación de que, contrariamente a todos tus deseos y motivos conscientes con respecto a una persona cercana, existe una fuerza invisible e irresistible que maneja vuestra relación y la define? ¿Que, como en el caso de la mujer malcasada, tus mejores esfuerzos por evitar el desastre y navegar hacia puerto seguro sólo sirven para impulsarte a encallar en los mismos bajíos que tanto tratabas de esquivar? Pero si tal es el caso, ¿por qué se produce y qué finalidad cumple?

El verdadero propósito de las relaciones

Cuando miro hacia atrás, desde la perspectiva de casi cincuenta años, caigo en la cuenta de que he vivido tratando de hallar la clave básica para explicar por qué nosotros, los seres humanos, solemos soportar tantos sufrimientos en las relaciones con el prójimo. En mis quince años de psicoterapeuta descubrí muchas cosas... pero nunca la clave. Como aquel a quien los árboles impiden ver el bosque, estaba demasiado cerca, demasiado enredada en los detalles de mi vida y las de mis pacientes como para ver el cuadro general. Necesitaba una mayor distancia. Y la vida me dio lo que me hacía falta. El panorama se despejó y pasé seis años observando, leyendo, cavilando... hasta que comencé a comprender.

Por fin comprendí que nuestras relaciones más significativas existen por un motivo muy diferente del que creemos, ya personalmente como individuos o colectivamente como sociedad. Su verdadera finalidad no es hacernos felices, satisfacer nuestras necesidades ni definir nuestro sitio en la sociedad, ni tampoco mantenernos fuera de peligro... *sino hacernos crecer hacia la Luz.*

El hecho simple es que, junto con esas personas con las que estamos vinculadas por parentesco, casamiento o amistad profunda, nos hemos fijado un rumbo con riesgos y obstáculos ideados para llevarnos de un punto de la evolución a otro. De hecho, cuando tratamos de comprender la naturaleza de nuestras relaciones humanas, muchas veces difíciles, haríamos bien en recordar que existe una eficiencia impecable e implacable en el Universo, cuya meta es la evolución de la conciencia. Y siempre, siempre, el combustible de esa evolución es el deseo.

En la raíz misma de la Creación está el deseo de la Vida de manifestarse en la forma. Esto es la voluntad-de-ser. E implícita en todas las formas, desde la más baja a la más evolucionada, está el deseo o la voluntad-de-devenir. ¿Devenir qué? En expresión, en materia física de la Fuerza tras la Creación, una expresión más grande y plena, más completa, pura y perfecta. Esta voluntad-de-devenir existe en todos los sectores, desde el átomo más diminuto hasta la suma del Universo físico; desde las regiones más exaltadas de la existencia hasta este plano físico en el que moramos nosotros, la humanidad. Aunque nuestra perspectiva, necesariamente limitada, pareciera a veces negar este hecho, los humanos nos vemos impulsados hacia ese Devenir con todo el resto de la Creación.

El alma, que nos envía por el Camino, es obligada por el deseo a acercarse más a Dios. Nosotros, como personalidades, facilitamos esta meta por nuestro propio deseo natural de buscar el placer y evitar el dolor. Para aquellos de nosotros que satisfacemos con relativa facilidad las necesidades fundamentales de comida, techo y seguridad, son las relaciones humanas las que nos proporcionan tanto la zanahoria como la vara que nos mantiene en movimiento. De allí el niño difícil; el adolescente rebelde; el padre que defrauda, el que rechaza o el desvalido que nos ahoga; el amigo que nos traiciona; el empleador que nos explota; el ser amado que no nos corresponde; el cónyuge que nos desilusiona o nos critica, que nos abandona o muere; las personas que ocupan nuestros pensamientos y juegan con nuestras emociones, aquellos con quienes vivimos, los que provocan nuestras ansias o nuestra preocupación, competencia o rebeldía; aquellos por quienes nos sacrificamos y sufrimos. Todos ellos nos empujan, arrastran y acicatean a lo largo del Camino, que compartimos con ellos, el Camino hacia el Despertar.

¿Despertar de qué?, de las ilusiones que aún albergamos con respecto a nosotros, el mundo y nuestro sitio en ese mundo; de los defectos de carácter que aún debemos admitir y superar y, en tanto avanzamos a una espiral más alta del Camino, despertar gradualmente de todos nuestros deseos egoístas.

El siguiente relato describe uno de esos Despertares, que se produjo como resultado de una relación dificultosa entre padres e hijos.

Marleen se casó a los veintidós años con un hombre que acompañaba su apellido de la cifra romana IV. Obviamente, su familia tomaba muy en serio la estirpe y la herencia. Durante seis años, los cuatro embarazos de Marleen terminaron en abortos espontáneos; después del cuarto, que se presentó acompañado por graves complicaciones médicas, le dijeron que no podría volver a concebir. Esta triste novedad asestó al matrimonio un golpe mortal. El esposo se divorció de ella y volvió a casarse muy pronto, con una mujer que, pronta y responsablemente, produjo a un pequeño número V.

Marleen, destrozada por la doble pérdida de su marido y la esperanza de tener hijos, logró por fin recuperarse y retomó los estudios hasta licenciarse en periodismo. Después de la graduación, decidida a aceptar con tanta alegría como pudiera su futuro sin hijos, se dedicó activamente a escribir y viajar.

Alrededor de los treinta y cinco años, Marleen aceptó la propuesta matrimonial de un viejo amigo, que poco a poco se había convertido en algo mucho más importante; suponía que ese segundo casamiento cambiaría en poco su estilo de vida, pero al cabo de un año se llevó la sorpresa de descubrirse embarazada. A su debido tiempo tuvo una hermosa hija de ojos brillantes y carácter inquieto.

La pequeña Caitlin pasó de bebé exigente a niña imperiosa. A la madre, tan agradecida por su existencia, le costaba decirle que no, ponerle límites o frustrar de modo alguno a su preciosa hija, a quien llamaba «la hija milagrosa». El padre, hombre sereno y despreocupado, gustaba de los límites tan poco como su esposa. Pronto Caitlin se convirtió en una déspota desatada en el hogar y en un monstruo de malos modales en público. Marleen y su esposo concordaban en su manera de interpretar la conducta de la niña. No, no era una criatura tiránica e indominable, sino una personita audaz, temeraria e irreprimiblemente individualista. No se dieron cuenta de que muchos amigos comenzaban a evitarlos a los tres.

Después de algunos años, mucho más difíciles de lo que Marleen habría admitido siquiera para sus adentros, decidió retomar su carrera literaria. Trabajaba como corresponsal para el periódico de la zona, que finalmente le encomendó un informe sobre varios asuntos ambientales controvertidos, sobre los que ella mantenía fuertes convicciones propias. Como no acostumbraba provocar controversias, Marleen buscó el modo de evitar una colisión directa con el director y los lectores, sin faltar a sus principios. Comenzaban a acumularse las presiones.

En el hogar la situación también se complicaba. Caitlin aumentaba diariamente sus dictatoriales exigencias, sin que Marleen dejara de repetir lo afortunados que eran ella y su marido de tener esa hija tan especial. Pero en un compartimiento aparte de su mente comenzaba a fantasear con volver a su independencia de soltera y a sus viajes.

De pronto, tal como suele ocurrir cuando nos ponemos en una situación sin salida, Marleen se encontró adoptando una postura injustificada y feroz. Un día, iracunda por un asunto nimio, amenazó con abandonar a su esposo y a su hija. Al oírse pronunciar esa amenaza quedó tan espantada como su esposo. Caitlin, que ya tenía siete años, le contestó a gritos con amenazas propias. Marleen, aturdida, llevó a su esposo al dormitorio matrimonial.

Mientras Caitlin aullaba y atacaba la puerta a puntapiés, los padres por fin comenzaron a enfrentar la pesadilla en que se les había convertido su vida. La sola idea de tener que lidiar solo con criatura tan empecinada resultaba espantosa para el suave carácter del esposo, y de inmediato estuvo de acuerdo en que era preciso poner límites. Juntos elaboraron un plan para frenar los caprichos de su hija.

Alentados por el apoyo de los sufridos amigos que les quedaban y quienes repararon en sus esfuerzos y los aprobaron decididamente, los padres dejaron de ceder a las exigencias de Caitlin y de aplacarla con halagos. Cada vez que tenía rabietas en público o en casa, lanzando imprecaciones y amenazándolos con un odio terrible, ellos establecían límites razonables y los imponían sin alterarse. Mientras la disciplinaban se brindaban mutuamente aliento y consuelo. Así descubrieron, sorprendidos, que crecía el afecto entre ellos y que la vida sexual mejoraba. Después de años volvían a sentir energías y entusiasmo de vivir. Aun en los peores momentos, la guerra de voluntad con Caitlin les costaba menos energías que los esfuerzos por no alterarla.

Por fin acabó la lucha. De ella emergió una niña graciosa y mucho más segura, en lugar de esa personita abrumada por la carga de una libertad y un poder excesivos para su inmadurez.

También Marleen emergió más equilibrada de esa difícil prueba. En un plano sutil, desde el nacimiento de Caitlin había dejado que la pequeña se encargara de las expresiones firmes, las peleas y las exigencias, mientras ella conservaba una pasiva y beatífica sonrisa. Ahora, una nueva conciencia de su propia y considerable fuerza la inspiró a proponer una columna al director del diario, en la cual abordaba diversos temas, incluyendo aquellos que dividían a la comunidad, encarados desde su perspectiva personal. El director estuvo de acuerdo, seguro de que su suave humor natural entretendría aun a quienes no compartían sus puntos de vista. En la actualidad esta mujer, a quien le había resultado tan difícil tomar una posición firme ante su hija, hace conocer sus opiniones tanto en el hogar como en letras de molde.

Es importante entender que este relato no trata simplemente de dos padres que descubrieron la sabiduría de los límites y la necesidad de la disciplina en la crianza de los hijos. El hecho de que la situación se tornara tan insostenible antes de que ellos pudieran reconocerla, mucho menos enfrentarla, indica que, en los padres, se estaban manifestando uno o más defectos de carácter importantes, que era preciso superar a fin de resolver los problemas obvios. En verdad, el problema de disciplina surgió justamente por la existencia de esos defectos y luego se agravó, exigiendo que se atendieran esas fallas. Por varios años, largos y penosos, Marleen contó con la complicidad inconsciente de su esposo para negar, no sólo la conducta de su hija, sino algo más importante: sus propias reacciones emocionales ante esa conducta. Lo hacía para poder vivir su mítico papel de madre perfecta de una hija especial del destino.

Crear y eliminar engaños

Ese tipo de mitos, que tiene el poder de afectar profundamente la vida y el juicio de una persona, se conoce en esoterismo como *glamour*. Nosotros mismos creamos estos *glamours*, estas ilusiones bajo las cuales trabajamos hasta que se rompe el hechizo. Tarde o temprano, todo *glamour* que nos hechiza produce exactamente las pruebas que hacen falta para quebrar la ilusión y disipar el engaño.

En el caso de Marleen, las presiones generadas por su intento de hacer realidad una fantasía de madre-e-hija terminaron por llevarla a la decisión de desprenderse de ella. Sin duda, su prueba fue mucho más sutil que si se hubiera tratado de matar, robar o hacer daño a otra persona, deliberadamente y con propósitos egoístas. Tenía bien desarrolladas la franqueza y la integridad en el trato con otros. Marleen había evolucionado hasta un punto en que debía enfrentarse a un tema mucho más sutil: su capacidad de falta de honestidad personal, es decir, su capacidad de engañarse a sí misma con la atesorada visión de lo que deseaba que fueran ella y su hija.

Como los *glamours* se basan siempre en los deseos egoístas de la personalidad, siempre son enfermizos. Existen en el plano astral, donde tienen sustancia propia, una forma, sonido y hasta olor característicos. Psíquicamente se los puede ver como una especie de miasma centelleante, una niebla densa y brillante, llena de imágenes, escenas, hechos y con frecuencia figuras de otras personas. Su olor es repelente, aunque dulzón: algo sofocante y un poco pútrido. Su sonido, un zumbido desagradable, estruendo o rugido. Los *glamours* tienen una vida propia que se resiste a la destrucción y se oponen siempre a nuestra iluminación.

Para destetarnos de estas fantasías atesoradas, con las que nos identificamos tan plenamente, se requiere una objetividad de la que no somos capaces mientras estamos bajo su hechizo. Suele hacer falta una crisis para que podamos desprendernos de esas creaciones propias que nos mantienen cautivos.

El proceso de despertar

Tras haber leído la historia de Marleen, quizá te preguntes qué *glamours* nublan tus propios pensamientos, percepciones y actos. Tal vez te gustaría darles un nombre, enfrentarlos y ponerlos finalmente a descansar. Por cierto, puedes tener la impresión de que llevas mucho tiempo tratando de verte con más claridad.

En el sofisticado clima psicológico actual, muchos nos esforzamos con ahínco por alcanzar una mayor conciencia interior. Puede tratarse de un sincero deseo de desarrollo espiritual o estar impulsado por el dolor emocional. Con frecuencia es una combinación de ambos factores la que nos impele a leer libros, asistir a conferencias, comprar grabaciones de autoayuda, incorporarnos a un grupo de apoyo, buscar una religión en la que podamos creer, un maestro al que seguir, un terapeuta digno de confianza. Pero por mucho que nos dediquemos a nuestro despertar, inconscientemente tenemos miedo al proceso mismo que estamos cortejando y, por lo tanto, nos resistimos a él. Esta ambivalencia fundamental surge porque la intuición nos señala que para despertar en cualquier grado debemos, como Marleen, renunciar a las fantasías con las que nos identificamos tan profundamente.

Una metáfora apta para describir el proceso del despertar en cualquiera de nosotros es la historia bíblica de Saúl, quien perseguía obsesivamente a los primeros cristianos. En el camino a Damasco, al quedar ciego e indefenso, debió enfrentarse a su ceguera espiritual, más profunda, y despertar de su fanatismo justiciero. Por medio de este despertar se convirtió al mismo credo al que se había opuesto con tanta violencia. Tal como ocurrió con Saúl, Marleen y la mujer mencionada al principio de este capítulo, aferrada a su fantasía de proteger al esposo mientras lo hacía desdichado, nuestro mismo despertar exige que reconozcamos y nos rindamos justamente a eso que hemos rechazado y negado con fuerza durante toda(s) nuestra(s) vida(s).

Se explica que tengamos miedo.

Y se explica que algo tan inevitable y compulsivo como las relaciones humanas deban, con frecuencia, obligarnos a seguir jugando, como podamos, con esos peligrosos fuegos del Despertar.

El deseo al servicio de la evolución

Recuerda que el deseo es la clave de toda evolución en la Creación entera. Dentro del reino humano, son nuestros propios deseos personales los que tienen el poder de seducirnos, al inducirnos a que nos involucremos con otras personas de un modo más profundo (y a veces más desesperado). Queremos dar cierta imagen, queremos amor o aprobación, admiración, respeto, comodidades, sexo, bienes materiales, seguridad, compañía, encumbramiento social, poder, ayuda de alguna especie, alivio o protección. En el grado en que nos seduzca el deseo, a su debido tiempo podemos vernos inducidos a una mayor conciencia. La fórmula de tales despertares, alimentados por el deseo, bien podría escribirse como sigue:

seducción (por el deseo) → inducción (a la toma de conciencia)

La palabra «seducción» conjura, para casi todos nosotros, la imagen de alguien con un atractivo tan irresistible que cedemos a él, pese a lo que nos diga el buen juicio. Lo cierto es que no se nos puede seducir como no sea mediante nuestros propios deseos. Las personas dotadas de mayor capacidad para facilitar nuestro desarrollo son las que generan en nosotros los sentimientos más potentes y hacia las cuales nos sentimos atraídos de manera inexorable. Aunque consideramos la seducción primordialmente como un hecho sexual, en realidad nos vemos siempre seducidos por nuestros propios *glamours*, puesto que reflejan nuestros defectos de carácter.

Por ejemplo, suele ocurrir que escojamos a alguien por ciertas cualidades que nosotros mismos no estamos dispuestos a desarrollar o expresar. Declaramos admirar estas cualidades o habilidades en esa otra persona, pero nos sentimos traicionados cuando nos vemos obligados a desarrollar esas mismas cualidades. A Daphne, protagonista de la historia siguiente, la seducía la aparente capacidad protectora de su esposo; él, a su vez, se sentía atraído por su fragilidad femenina. Al cambiar la suerte de la pareja, cada uno de ellos fue inducido a asumir el papel y la situación del otro.

Hasta que su madre volvió a casarse, a los cincuenta y dos años, Daphne vivió en el hogar familiar, cómoda y segura en ese ambiente que conocía desde la infancia. Había hecho algunos intentos de vivir sola, pero tarde o temprano regresaba a la casa y ante la solicitud de su madre, por una u otra de sus misteriosas y frecuentes dolencias. Cuando su flamante padrastro obsequió a la novia un encantador condominio frente al campo de golf donde se habían conocido, Daphne no pudo dejar de reconocer la indirecta. Desde el momento en que se mudó inició la seria búsqueda de alguien que pudiera cuidar de ella.

Hamilton parecía el candidato más adecuado. Sus juiciosas adquisiciones de bienes raíces para alquilar habían hecho de él un hombre rico, en poco tiempo y pese al contratiempo financiero de su divorcio, cinco años atrás. Con los hombros anchos y una estatura imponente daba una gran sensación de fuerza, aunque un episodio de reumatismo cardíaco infantil aún lo obligaba a limitar sus actividades físicas. Junto a su corpulencia, la menuda Daphne, de piel pálida y ojos enormes, parecía aún más frágil.

Se conocieron en una conferencia sobre tratamientos médicos alternativos; desde entonces salían regularmente y Hamilton solía hacer cautas referencias al casamiento. No parecían importarle las constantes referencias de Daphne a su delicada salud ni su obvia renuencia a independizarse de su madre. Como la primera esposa de Hamilton era autosuficiente hasta la agresividad, la dócil dependencia de Daphne le parecía refrescante por contraste.

Cuando Daphne y Hamilton se casaron, pocos meses después de que ella abandonara la casa materna, estaba bien entendido que ella era demasiado delicada para los rigores del embarazo, el parto y la maternidad. El primer destello de la considerable voluntad de Daphne se presentó al sugerir Hamilton que, con el correr del tiempo, su salud podía mejorar lo suficiente como para que fuera posible tener hijos. Ella atacó con fría furia. ¿Acaso no comprendía? ¡Eso estaba totalmente fuera de discusión!

Esa voluntad se fue tornando más evidente a medida que creaban su hogar en la casa que Ham había heredado de sus padres. Daphne no tardó en iniciar grandes y costosas renovaciones que, una vez terminadas, dividían efectivamente la casa en dos unidades separadas. Aduciendo su mala salud y su consecuente necesidad de calma, Daphne reclamó una de esas partes y relegó a su esposo a la otra. Y Ham, azorado ante la fragilidad de su esposa por el egoísmo implícito en sus objeciones, aceptó sin protestar.

Cuando llevaban varios años de casados, la economía empezó a declinar notoriamente y, una a una, las unidades alquiladas en los edificios de Ham se fueron desocupando. Pronto las rentas restantes no fueron suficientes para cubrir las cuotas de aquellos edificios hipotecados. En sus esfuerzos por salvar su capital, mientras el valor de los bienes raíces continuaba descendiendo a pico, Ham contrajo una gripe vírica y jamás recuperó sus fuerzas. Después de varios meses, el médico descubrió que ese virus había debilitado aún más el músculo cardíaco, ya dañado, y no llegaba a aspirar oxígeno suficiente para un funcionamiento normal, físico ni mental. Todo esfuerzo lo dejaba débil y exhausto.

Daphne se derrumbó, debido al doble peso de los problemas financieros y la invalidez parcial de Ham. Languideció algunas semanas en la cama y compitió con su esposo por el papel de paciente necesitado de atención. Pero en esta oportunidad nadie se presentó para mimarla. Y puesto que regodearse en la hipocondría equivalía, claramente, a perder toda esperanza de una seguridad económica futura, Daphne se puso en marcha. Su acuciante necesidad de sentirse segura y protegida la convirtió en alumna destacada en el estudio del estado financiero de Ham.

Después de un cuidadoso análisis, aprovechó la poca ayuda que Ham podía brindarle y comenzó a tomar cautelosas decisiones sobre las propiedades que debían conservar y las que era preciso sacrificar en un mercado tan deprimido. Ofreció condiciones más atractivas a los inquilinos restantes, en un esfuerzo por conservarlos, y poco a poco tomó interés personal y participación activa en la administración de cada edificio, mucho más de lo que Ham lo había hecho nunca. Mientras tanto seguía cursos y rendía un examen tras otro, hasta lograr finalmente su licencia como agente de bienes raíces.

Hoy en día la salud de Ham es más o menos la misma. Tiene dificultades para concentrarse o para sostener un mínimo esfuerzo. Su estado lo torna muy pasivo y dependiente. Daphne, cuya estudiada fragilidad estuvo siempre respaldada por un fuerte sentido práctico, decidió hace tiempo alquilar su mitad de la casa e instalarse de nuevo con Ham. Aplica la renta a pagar a una persona que hace de enfermera y criada por medio día, encargándose de Ham y de la casa, mientras Daphne se ocupa de los negocios.

Ha ganado una creciente reputación como administradora de propiedades comerciales. Sus oficinas ocupan ahora todo un piso del edificio más grande de Ham; se ha convertido en una empresaria de moderado éxito, pese a lo flojo del mercado de bienes raíces. Aún se queja demasiado sobre su delicada salud, pero ahora tiene poco tiempo para prestar atención a sus vagos problemas médicos. Su relación con Ham es bastante vacua, pero siempre lo fue. El sexo y la intimidad nunca fueron muy importantes entre ellos, y el divorcio está fuera de cuestión. Ella jamás podría abandonar a una persona tan enferma: por su mala salud sabe en carne propia lo terrible que sería el golpe... y por otra parte, todas las propiedades que Ham aportó al matrimonio aún están a nombre de él.

La alianza entre Daphne y Ham fue motivada, principalmente, por deseos egoístas de ambas partes. A Ham le gustaba la idea de ser fuerte y manejarlo todo; Daphne, por su parte, quería seguir siendo débil y contar con protección. Ambos estaban dispuestos a hacer considerables sacrificios a fin de representar los papeles elegidos: Daphne, a vivir como esposa de un hombre al que en verdad no amaba; Ham, a prescindir de las relaciones sexuales y hasta de la compañía de su esposa.

Atribuir la inversión de papeles a un simple giro del Destino sería negar el hecho de que estas dos personas se eligieron deliberadamente, a fin de realzar la imagen que de sí mismos atesoraban. Fue esto, tanto como las dificultades financieras y la enfermedad de Ham, lo que dispuso a ambos para la siguiente etapa de su desarrollo personal.

Obviamente, aún existe un fuerte motivo de egoísmo que alimenta las acciones actuales de Daphne. Sin duda, así será por muchas vidas venideras. Pero está aprendiendo a ser más franca que disimulada en la expresión de su fortaleza personal, y eso es un progreso. La invalidez parcial obliga a Ham a conocer la situación que tan atractiva le resultaba en Daphne. Su estado hace que aprenda y entienda algunas lecciones duras sobre la verdadera naturaleza de la fuerza y la debilidad, el poder personal y su pérdida por mala salud contra una abdicación voluntaria.

He aquí algunas de las lecciones a las que nos enfrenta la vida en el ámbito de nuestras relaciones.

Si algunas de ellas, como en el caso citado, pueden obligarnos a convertirnos en lo que hemos tratado de evitar, otras pueden enseñarnos a evitar convertirnos en lo que no deseamos ser. Muchos recibimos de nuestros padres lecciones sobre lo que no debemos ser.

La elección de un progenitor difícil

En el momento de cada encarnación elegimos, bajo la dirección del alma, a los padres que no sólo nos proporcionarán el vehículo físico adecuado para la próxima vida, sino aquellos que más ayuden a nuestro desarrollo espiritual. El alma, en su deseo de evolución, nos asigna a nuestros padres, no porque sean capaces de darnos todo lo que nuestra personalidad pueda desear, sino porque nos proporcionarán una parte importante de lo que requerimos para avanzar en el Camino. Quien crea que habría podido avanzar más en la vida si sus padres le hubieran dado más amor, aliento o comprensión, hará bien en recordar que ésos son los deseos de la personalidad, no las necesidades del alma. Lo que podamos alcanzar o no en el mundo exterior tiene poca importancia en relación con el progreso que alcanzamos en una existencia dada por cuenta de nuestra alma. Gracias a las reacciones que provocan en nosotros, con frecuencia los progenitores difíciles prestan una gran contribución a ese progreso.

El siguiente relato presenta un ejemplo de esta contribución:

El juez George K. había pasado toda su vida profesional en los tribunales, en un papel u otro. Después de largos años como fiscal, presentando los diversos tipos de delito que se cometían en su distrito, fue elegido para la Corte Superior, puesto que ocupó con el mismo celo que había exhibido en sus otras ocupaciones.

En su aspecto, el juez daba la imagen de un monje tonsurado que hubiera cambiado su hábito clerical por la toga. Era redondo, calvo, de mejillas de manzana; con frecuencia había una sonrisa divertida en las comisuras de su boca; todo en él parecía desmentir lo severo y sobrio de su carrera... a menos que uno reparara en la profunda arruga vertical entre sus cejas y en el brillo penetrante de sus ojos pardos. Entonces era necesario tratar de reconciliar la impresión de cordial alegría con esas insinuaciones de un costado más duro y mucho más calculador.

El juez K. se casó tres veces. Las tres esposas lo dejaron por motivos que ni George ni ellas acababan de comprender. Tarde o temprano, cada una de las mujeres encontraron motivos para separarse de él y ya nunca quisieron regresar al hogar. Cada una dio los pasos necesarios para que la separación fuera definitiva, aduciendo vagos motivos. La primera esposa, al hacerse cargo de dos hijos en plena adolescencia, explicó mansamente: «Tal vez me llegó el momento de estar sola.» La segunda, que tenía treinta y ocho años cuando pidió el divorcio, proclamó: «Puede que ésta sea mi versión anticipada de la crisis de la menopausia.» La tercera se limitó a declarar: «Nunca pensé que la carrera me resultara tan importante.» Estos casamientos y divorcios sucedieron a lo largo de veinticinco años. Una vez libres de él, las ex esposas aún calificaban a George de «hombre maravilloso», aunque rara vez trataban con él, si podían evitarlo. Los conocidos del juez, al observar su historia matrimonial, pensaban que, para ser tan «maravilloso», tenía mala suerte con las mujeres.

Los dos hijos, varón y mujer, se mantuvieron en estrecho contacto con la madre después de abandonar el hogar; en cambio sólo se comunicaban con el padre cuando era indispensable: una tarjeta y una llamada en el Día del Padre, la invitación a participar de sus bodas y una visita breve por Navidad o para presentarle al nuevo nieto. Ellos también parecían evitarlo, aunque él se mostraba puntilloso en el pago de la pensión a la madre y ejerció rigurosamente sus derechos de visita después del divorcio.

George bebía poco y nunca fumaba; aunque le gustaba comer bien, había en él algo de puritano.

Se le apreciaba en los tribunales, pero ningún abogado defensor presentaba su caso al juez K., si podía evitarlo. Fiscales y defensores por igual lo consideraban duro; sus sentencias, aunque técnicamente justificadas según la letra de la ley, solían ser severas y hasta exageradas.

«Es muy buen tipo en cualquier parte, menos en el estrado», era el comentario.

Y ahora George había vuelto a su ciudad natal, después de treinta años, para asistir a los funerales de Billy, su más íntimo amigo de la niñez. De la familia de Billy sólo sobrevivía la tía Hattie, una anciana excéntrica, quien insistió para que George la visitara antes de partir. George no la conocía en persona, aunque recordaba vagamente que Billy hablaba de una hermana de su madre llamada Hattie, que era actriz y vivía en el extranjero.

Sentado en la sala de la casa que tan bien recordaba, en la que sólo Hattie vivía ahora, George luchaba por conservar intacto su habitual aire de simpática dignidad. Pero algo en la penetrante mirada de la anciana disolvía su pulida actitud. Esa vieja difícil no lo ayudaba a mantener una conversación ligera; no aportaba sus anécdotas ni siquiera escuchaba las de él.

Hattie le había servido pastel. Mientras le llenaba la taza de café preguntó, con aire inocente:

—¿Te dijo Billy alguna vez que yo leo las manos?

George tenía la boca llena de pastel, pero meneó la cabeza, con los ojos dilatados por la alarma. Ella tomó asiento y le tomó las manos, muy segura de sí, riendo con el herrumbrado carcajeo de las ancianas.

—Es cierto. Siempre fui la excéntrica de la familia. Pero en el teatro es importante saber en quién se puede confiar y a quién debes vigilar con atención. Además —agregó, juguetona—, resulta divertido y yo soy curiosa. Todo actor debe ser psicólogo, ¿sabes? Para servir de algo debemos saber qué mueve a la gente. La quiromancia me pareció el modo más fácil de estudiar los tipos. Y cuando escaseaban los papeles, con eso podía ganarme la vida.

Por un momento dejó de parlotear. En silencio, siguió cada dedo del juez con los suyos, le flexionó las manos hacia atrás, le apretó las palmas en diversos sitios. Tenso e incómodo, George se dijo que bien podía dar el gusto a esa vieja excéntrica por media hora más antes de huir. Al levantar la vista, ella habló en voz baja:

—Quiero decirte algo que quizá te resulte muy difícil oír. Tus manos dicen que en tu temperamento hay mucha crueldad.

George inmediatamente empezó a tartamudear en tono de protesta, pero ella lo interrumpió con una suave sonrisa:

—Oh, ya sé: todos tus amigos, hasta Billy, si estuviera aquí, me dirían que eres el mejor de los hombres. Hasta tus manos me dicen que tratas de serlo. —Lo miró a los ojos con obvia simpatía—. Pero te cuesta mucho, ¿verdad?

Él se estaba poniendo rojo de cólera. ¿Cuánto más debía soportar sólo por cortesía? Hattie continuó:

—Háblame de tus padres. ¿Cómo eran?

Aliviado al ver que la conversación se apartaba de él, George respondió:

—Mi madre era una mujer maravillosa. Y no me molesta decir que yo era su favorito. Ella trataba de compensarme por el trato que me daba mi padre.

»Porque, si de crueldad vamos a hablar, mi padre sí que era cruel. Pero no físicamente, no. Era más sutil. Fue él quien tuvo la idea de darme el nombre de un hermano de mi madre que era un perfecto fracasado, un tonto sin la menor ambición. Y mientras yo crecía él me comparaba con tío George, dando a entender que éramos iguales. Por mucho que yo hiciera para demostrar mi inteligencia, por mucho que lograra, él siempre me veía apenas a un paso de ser un completo inútil.

Apenas empezaba a entrar en materia cuando ella lo interrumpió para preguntarle:

—¿Me dices tu fecha de nacimiento?

Él le contestó bruscamente y Hattie buscó su efemérides en el estante cercano.

—Este libro contiene la posición de los planetas en cada día del siglo —explicó, mientras observaba la fecha que él le había dado. Y agregó con satisfacción, dando un golpecito en la página para mostrar unas columnas de pequeñísimos números—: cuando naciste, Marte estaba en Tauro. Hitler también lo tenía allí, ¿sabes? Eso puede indicar una tendencia a la crueldad, así como la combinación de algunos rasgos de tu mano, tienes prominente el monte inferior de Marte, pulgares en forma de maza y manos gruesas en general. Sin embargo, hay señales de mente aguda y también de notable sensibilidad. A veces la gente llega a la vida con varios rasgos que indican tendencia a la brutalidad, pero ya han adquirido conciencia suficiente para comprender que es preciso vencer esa propensión. Eso significa que tienen una gran tarea por delante, pues se pasan la vida en guerra con su propio temperamento.

Ignorando la irritación de George, le sonrió.

—¿Sabes qué pienso? Que elegiste deliberadamente a ese padre a fin de crear en ti una aversión a la crueldad. Apuesto a que te has pasado la vida tratando de no ser como tu padre.

—¡Es cierto, así fue! —contestó George, casi gritando, fastidiado al ver que ella estaba en lo cierto, aunque él había tomado esa decisión a edad tan temprana que ya no recordaba siquiera haber vivido sin ese compromiso—. Y me gusta pensar que lo logré. Soy exactamente lo contrario. Él me denigraba, y lo mismo a mis hermanos, mi madre, todos nuestros familiares, a todos. Nadie era lo bastante bueno o lo bastante sagaz para conformarlo.

—Y tú no haces nada de todo eso.

—¡No, claro! Siempre he puesto mucha atención en alentar a mis hijos y a cada una de mis esposas.

—¿Nunca te acusaron de carecer de espontaneidad? —preguntó Hattie.

George se sintió desconcertado. Esa vieja loca cambiaba de tema sin parar.

—En realidad, mis hijos solían decir que yo debía aflojarme... y todas mis esposas se quejaron siempre de que yo no era «divertido», como ellas decían. Pero nunca lo comprendí. Desde pequeño decidí ser siempre muy alegre. Nunca gruñí, como lo hacía mi padre. —De pronto se interrumpió, meneando torpemente la cabeza—. A veces me pregunto por qué me he esforzado tanto. A la gente que no me conoce a fondo les caigo simpático, pero los íntimos... Bueno, no tengo íntimos. Nunca lo entendí.

Hattie le dio unas palmaditas en la mano.

—Voy a ayudarte a entenderlo —dijo—. Supón que hay una escuela adonde puedes ir para aprender a ser bueno. No naciste sabiéndolo, pero estás decidido a aprender, aunque tengas que estudiar mucho y practicar constantemente. Y supón que, antes de ingresar en la escuela, estabas muy lejos de ser bueno. Como tu padre, eras cruel y hacías daño al prójimo, sin otro motivo que una arraigada costumbre.

»En estos momentos debes de estar en el segundo grado de esta Escuela de bondad. Tienes mucho camino por recorrer antes de que te surja naturalmente lo que has aprendido, sin pensar, sin esfuerzo. Todavía estás trabajando para inhibir el impulso cruel, la palabra dura, la crítica, el insulto y hasta el acto brutal. Pero desde que vas a esta escuela temes que, si no disimulas esas tendencias agresivas y dañinas, no te permitan siquiera quedarte a aprender. Por eso te esfuerzas mucho para ocultar lo que aún es en ti una parte básica, una parte de la que te avergüenzas y tienes miedo de reconocer siquiera ante ti mismo.

El juez sentado ante ella, que en sus tiempos de joven abogado había convertido en arte el argumento, se encontraba tan aturdido que no podía discutir lo que afirmaba esa tonta.

—La parte más difícil —continuó Hattie— es que esos impulsos, al formar todavía parte natural de ti, acumulan presión para liberarse. Gracias a tu profesión has podido liberar una gran parte.

George asintió, con la vista clavada en el suelo.

—Cuando era fiscal, mi segunda esposa me preguntó cómo me las componía para manejar emocionalmente mi trabajo. Ella no soportaba enterarse de la violencia y la brutalidad a las que yo debía enfrentarme todos los días. —Miró a Hattie—. Pero a mí me encantaba ese trabajo.

—Por supuesto. Al luchar contra la crueldad que ejercían algunas personas contra otras, luchabas contra la tuya misma. Para superar eso viniste aquí. Pero —aquí le apretó suavemente ambas manos— te vuelves peligroso cuando no puedes reconocer tu propia crueldad. Entonces expresas tu lado oscuro y tratas de aplastarlo en el prójimo, en esas personas a las que antes acusabas y que ahora se presentan ante tu estrado.

—¡Yo no soy como ellos! —La voz del juez contenía a un tiempo amenaza y desesperación—. ¡Jamás podría cometer un crimen!

—¿Recuerdas ese cuento de Somerset Maugham, el titulado «Lluvia»? —Hattie parecía estar desviándose de nuevo del tema—. Con él se hizo una película llamada *Sadie Thompson*. Un predicador puritano asume la misión de salvar a una joven hedonista y despreocupada de una vida de prostitución. Cuando ya la ha convencido a medias de cambiar sus pecaminosas costumbres, una violenta lluvia tropical los atrapa solos en una choza. Entonces se apoderan del predicador los impulsos y sentimientos que ha negado por tanto tiempo y la viola. —Hizo una larga pausa, dejando que el relato hiciera su efecto. Luego continuó—: Nos volvemos peligrosos cuando negamos una parte de nuestra humanidad, cualquiera sea, aun las partes de las que nos avergonzamos.

Por un largo instante reinó el silencio entre los dos. Por fin George preguntó en voz baja, en la que se mezclaban resentimiento y derrota:

—¿Por qué mis tres esposas me abandonaron? ¿Por qué mis hijos me evitan? ¡Puede usted decir lo que quiera, pero nunca les hice daño!

—No estoy segura pero creo que, ante todo, no les inspiras confianza. Perciben, quizás inconscientemente, el esfuerzo constante que haces para reprimir un aspecto de tu temperamento; por eso les cuesta estar contigo. En segundo lugar, tal vez la crueldad que hay en ti se filtra al exterior, de un modo tan sutil que ninguno de vosotros puede identificarlo; aun así hace daño.

—¡Entonces no hay esperanzas! —exclamó George, casi aullando—. No puedo ganar, por mucho que me esfuerce.

—Nada de eso. Durante décadas enteras has aprendido a no hacer daño en forma deliberada. Reconozco que se parece un poco a conducir con los frenos puestos. Pero si antes conducías tu coche a ciento sesenta kilómetros por hora y matabas a alguien cada vez que salías, aprender a conducir con los frenos puestos es un gran adelanto. El problema es que el orgullo te obliga a negar de ti mismo esa parte colérica y agresiva que gusta de ir a ciento sesenta kilómetros por hora, sin medir las consecuencias. Podrías tratar de reconocer esa parte y reprimirla a conciencia.

»En realidad, deberías estar muy orgulloso. En una sola vida ya has logrado mucho.

George se recostó en su silla, mirando con atención a esa extraña anciana que le decía cosas tan extraordinarias sobre su propia vida. Recobró el dominio de sí y dijo con frialdad:

—No quiero ser desagradecido por todas las molestias que usted se ha tomado, pero no creo una palabra de todo esto. ¡Leer las manos! Es bastante descabellado, ¿no?

Hattie se puso de pie para acompañarlo a la puerta y le dio una palmadita en el brazo, con una sonrisa tan amplia que sus agudos ojos azules desaparecieron a medias entre los pliegues de piel arrugada.

—Yo misma no sé si creo en esto. Pero parece tener algún sentido, ¿verdad? ¿Por qué no dejas pasar un tiempo y luego miras si esta pequeña charla te ha servido de algo? ¿Qué mal puede hacerte?

Y con esa nota, bastante inconclusa, George y Hattie se despidieron.

George había recibido una rara oportunidad de conocerse mejor, aunque no la reconociera como bendición. Su experiencia con la quiromancia de Hattie fue como la del alcohólico a quien sorprenden conduciendo ebrio y obligan a asistir a las reuniones de Alcohólicos Anónimos. El bebedor puede negarse a admitir que tiene un problema y tal vez continúe bebiendo, pero jamás podrá encarar con la misma despreocupación sus relaciones con el alcohol. El lema de AA es: «Pasa y te arruinaremos el placer de beber.»

Eso es lo que ocurrió con George: una dudosa desconocida

perforó ante sus propios ojos, siquiera por un momento, la imagen de buena persona que mantenía con tanto esfuerzo. Pero a partir de entonces le sería más difícil persuadirse de que en su carácter sólo había buena voluntad. Como el alcohólico, George sólo tenía dos posibilidades. Con el aliento recibido de Hattie, podía admitir que, pese a todos sus deseos, había en su composición un elemento sádico. Luego, emplear la energía hasta entonces usada en mantener una fachada y una negativa para vigilar conscientemente esos impulsos. Mediante el esfuerzo de lograr una rigurosa honestidad personal en esa delicada zona de su vida, llegaría a ser una persona mucho más sosegada y auténtica. De lo contrario, podía continuar negando la existencia de ese elemento cruel en su temperamento; pero en adelante, después de lo ocurrido con Hattie, el esfuerzo requerido para negarlo sería mucho más grande.

El encuentro de George con Hattie fue un ciclo curativo. Los ciclos curativos no significan necesariamente que salgamos curados de ellos. Son, tan sólo, oportunidades para curar. Podemos elegir cómo responder cuando se presentan. Pero cada vez que rechazamos o ignoramos una oportunidad de sanar, garantizamos que el ciclo siguiente sea más opresivo, más perturbador, más difícil de negar.

Practica la redefinición de las relaciones

¿Qué hizo George con esa invitación a encontrarse consigo mismo en un plano más profundo y verdadero? Con toda probabilidad, hizo lo posible por ignorar la invitación, desacreditar a la persona que se la había extendido y continuar con su vida como antes. Tal es la respuesta que la mayoría da por lo general a sus ciclos curativos. Después de todo, si fuera fácil admitir en la conciencia esas partes nuestras que tememos y despreciamos, todos lo haríamos mucho antes y respondiendo a presiones mucho menores de las que habitualmente se requieren.

Si crees que recibirías de buen grado la oportunidad de comprender mejor tu propio temperamento, formúlate las siguientes preguntas. Como sonarán mucho más poderosas y reales en tu propia voz, pregúntate en voz alta: «Y yo? ¿Me ha invitado la vida a ser más sincero sobre mi propio lado oscuro? ¿Y cómo he respondido a esas invitaciones: con franqueza o con miedo? ¿Qué sería lo peor que podría descubrir sobre mi propia naturaleza? ¿Puedo aceptar que eso pueda morar en mí, alimentando mi horror, mi asco y mi actitud crítica hacia aquellos que no pueden ocultar este aspecto en sí mismos? ¿Conozco a alguien que haya ayudado a crear en mí la aversión por estos rasgos? ¿Puedo reconocer que tal vez debería estarles agradecido por la parte que han jugado en mi propia evolución?»

Obviamente, para estas preguntas no hay respuestas «acertadas» que puedas buscar en otra página de este libro, después de haber reflexionado. Éstas son las preguntas que debemos formularnos, una y otra vez, todos los que participamos conscientemente en nuestra propia evolución. Son muestras del sentido en que cada uno debe comenzar a examinar todo lo que ocurre dentro de sí y alrededor, en la vida. Cuando aprendamos a plantearlas y a buscar ese tipo de respuestas, descubriremos que emerge un nuevo paradigma o visión del mundo, que lo altera todo por completo. Mediante esa nueva visión es posible comprender la naturaleza integrada de las relaciones, los hechos y la evolución. Por medio de ella podemos saber que vivimos en un Cosmos, no en un Caos. Podemos comenzar a apreciar el modo en que cada persona, cada vida, constituyen una parte significativa de un Orden mayor en el que todos, individualmente y en concierto, desempeñamos una parte vital y magnífica.

6

¿Cómo vine a parar a esta familia?

Hace dos años, mientras hacía algunas compras, tropecé con una amiga a la que no veía desde hacía algún tiempo. Desde que nos conocimos, veinte años atrás, es una de mis personas favoritas: bulle de humor y entusiasmo y forma con su esposo una pareja feliz. A mi modo de ver, son el matrimonio casi perfecto. La mutua pasión por las ciencias naturales los ha llevado a recorrer el mundo con sus hijos, en fascinantes vacaciones: nadan con tortugas marinas, cuentan nidos de frailecillo, juegan con marsopas y observan iguanas.

Cuando nos sentamos a tomar un café, yo esperaba enterarme del último viaje exótico o de los recientes logros de sus hijos, pero al preguntarle por sus últimas andanzas me sorprendió ver su rostro sombrío. Me habló del año infernal que ella y su esposo habían pasado por culpa del hijo de dieciséis años. Ahora resultaba casi imposible convivir con ese muchachito, hasta entonces alegre, cooperativo y estudiante modelo. Tuvo problemas en la escuela y numerosos roces con la policía; las erupciones volcánicas en el hogar eran tema diario. Mi amiga y su esposo habían comenzado a reñir por primera vez desde que se casaran. Toda la familia estaba en tratamiento con un asesor, que sugería la posibilidad de poner temporalmente al muchacho en un hogar adoptivo.

—Una se pregunta —comentó mi amiga, entristecida— en qué falló como madre. ¿Qué pudimos haber hecho para evitar esto?

El mito de la prevención

Prevención: qué concepto seductor. Muchos creemos en el mito de la prevención, contra toda lógica. Creemos que si utilizamos debidamente los recursos financieros, legales, educativos, médicos y psicológicos, podremos evitar las dificultades de la vida. Se trata de un pensamiento mágico peligroso, pues si nos reconfortamos así cuando las cosas marchan bien, cuando la rueda de la fortuna vuelva a girar y todo se estropee tendremos que reprocharnos el no haber tomado las medidas necesarias.

No es mi intención decir que debemos vivir la vida sin autodominio, disciplina ni consideraciones para con el prójimo. Por el contrario, quiero señalar que, cuando los problemas se presentan (y siempre ocurre, tarde o temprano), no debemos culparnos automáticamente por no haber sabido prevenirlos. En verdad, esos problemas suelen ser indicadores de un cambio en la dirección de nuestro camino, tal como ocurrió en la familia de mi amiga.

En una reciente conversación telefónica, me dijo que en la actualidad cada uno de ellos aprecia lo que aprendió, como individuo y como familia, en ese doloroso período. El jovencito pasó varios meses en un hogar adoptivo y, por fin, decidió que prefería vivir dentro de los límites de sus padres. Regresó a su hogar y, pocos meses después, emergió de ese dificultoso año de estudios, el último del ciclo básico secundario, habiendo descartado el sueño de dedicarse al atletismo; en cambio seguiría una carrera universitaria que le permitiera dedicarse a asesor de adolescentes. Sus propias dificultades le habían despertado el interés por ayudar a otros con problemas similares.

Durante las sesiones de terapia familiar de las que participaron los cuatro, los espantados padres descubrieron que la hija tenía graves problemas con el alcohol, cosa que el hermano menor sabía desde hacía años, aunque lo callaba por lealtad hacia ella. Una vez que el problema surgió a la superficie fue posible tratarlo. La muchacha ingresó en un programa de internación para adolescentes con problemas de alcohol y drogas, que requería la participación de la familia. Allí el padre, en sesiones grupales familiares, comenzó a reconocer y curar algunas dolorosas experiencias de su niñez, relacionadas con su padre alcohólico. Y la madre aprendió a refrenar el entusiasmo con que trataba al esposo y a los hijos, pues el terapeuta familiar lo calificó de «autoritario y dominante». En la actualidad mi amiga es más capaz de permitir que sus seres tan amados busquen su propio camino y sigan su propio ritmo.

De ese modo, la rebelión de este adolescente, aunque sumamente difícil mientras duró, originó un proceso de autodescubrimiento en cada miembro de la familia, proceso que se prolongará por toda la vida.

La lucha es lo natural para crecer

Hace muchos años, cuando yo vivía en una ciudad pequeña, un instructor de la escuela secundaria solía pedir a sus alumnos, el primer día de clase, que escribieran anónimamente su respuesta a la pregunta: «¿En qué momento de tu vida, hasta ahora, crees haber cambiado y madurado más?»

Las respuestas de los alumnos rara vez citaban momentos gratos y fáciles, como un campamento de verano, una temporada de esquí, una tarde estupenda dedicada al surf o el día en que les regalaron un coche al cumplir los dieciséis años. Por el contrario, cada clase daba respuestas reflexivas, como las siguientes:

«Cuando mis padres se divorciaron.»
«Después de que papá sufrió el ataque cardíaco.»

«Cuando nació mi hermana, que es retardada.»
«El año en que murió mi hermano.»
«Cuando se incendió mi casa y lo perdimos todo.»
«Al enterarme de que tenía diabetes.»

En una discusión ulterior, muchos de los estudiantes hablaban francamente de esos períodos difíciles, que les habían enseñado a ser responsables, pacientes y comprensivos, a sentir compasión y agradecer sus ventajas.

Mi hijo estaba en esa clase y me sorprendió al hablarme de la sabiduría que demostraban esos jóvenes. Casi todos los hechos a los que atribuían una mayor madurez eran experiencias que sus padres habrían tratado de ahorrarles, si hubiera sido posible. ¿Significa esto que esos padres, con tan buenas intenciones, habrían impedido que sus hijos maduraran? Es posible, al menos por un tiempo. Pero si las cosas eran demasiado fáciles y cómodas, esos jovencitos habrían buscado o creado otro tipo de dificultades contra las cuales luchar. Ponerse a prueba, demostrar el vigor y forzar el propio crecimiento es, para los adolescentes, un proceso de desarrollo tan habitual como aprender a caminar y hablar para los bebés, y tan natural como para el alma diseñar una existencia llena de desafíos.

Ningún bebé aprende a caminar sin caídas, ni a hablar sin algunas dificultades para hacerse entender. Si pudiéramos evitar todos los porrazos que conducen a un niño al dominio final del movimiento, o todos los errores de pronunciación por los que llega finalmente a manejar el lenguaje, estaríamos inhibiendo el desarrollo de esas habilidades. Los niños pueden aceptar mejor el fracaso que les producen sus propias limitaciones que la frustración experimentada cuando no se les permite enfrentar esos límites y superarlos.

Sin embargo, observar los esfuerzos de un bebé resulta soportable y hasta grato porque sabemos que el niño está aprendiendo. En cambio no sabemos nada de eso cuando se trata de la lucha de un adolescente con el sexo, las drogas o la violencia. Tampoco hay un resultado previsible para la mayoría de las batallas que nos impone la vida. Abundan las historias de horror; tememos por nosotros y por nuestros seres amados. Por eso hacemos lo posible por controlar y proteger, por evitar algunas de las experiencias que un alma encarnada puede buscar o crear en forma deliberada.

La adicción como camino hacia la transformación

Durante los muchos años que pasé trabajando para diversas agencias que ofrecían servicios gratuitos en el campo de las adicciones, descubrí que la idea de la prevención tenía un gran atractivo, tanto para el público en general como para quienes proveían nuestros fondos. Pero cuanto más trabajaba en ese terreno, menos posible me parecía prevenir la adicción. Para esa prevención se requería siempre educar y enfocar el tema como proceso racional, que pudiera manejarse de un modo racional. Sin embargo noté que, entre las personas mejor informadas sobre un tema, algunas manifestaban adicciones al objeto mismo de su especialidad. Médicos, enfermeras y farmacéuticos son, con demasiada frecuencia, adictos a las drogas; hay nutricionistas y dietistas que comen compulsivamente; profesionales que han hecho carrera como bancarios, contadores o administradores financieros gastan compulsivamente y acumulan deudas abrumadoras; otros, como yo misma, dedicada a aconsejar a otros sobre sus relaciones, éramos adictos a alguna relación. Una y otra vez, la especialidad coincidía con la adicción, reflejando perfectamente una situación interior que era, de hecho, un tema. Entonces comprendí que todos nosotros, con nuestra mezcla de carreras y adicciones, estábamos en verdad dedicados a explorar ese tema en sus múltiples dimensiones, aunque no tuviéramos conciencia del hecho. En esencia, esas exploraciones eran nuestro proyecto de vida.

Finalmente, al observar el profundo Despertar, los cambios

y la curación causados por los diversos programas de recuperación, empecé a poner en tela de juicio que fuera deseable prevenir la adicción. Aunque lo que estaba en juego era mucho y muy elevado el costo del fracaso, por cierto, la adicción venía a crear la presión que posibilitaba la transformación personal. Esta conclusión coincide con lo que cierta vez me dijo un hombre dotado de poderes psíquicos y curativos, cuyo padre había muerto de alcoholismo: «Creo que la adicción ofrece a una persona la oportunidad de limpiar una gran porción de karma en una sola vida. Pero es siempre una apuesta, pues la recuperación requiere una rendición total y constante de la voluntad personal a un Poder Superior. Es una vía rápida hacia el desarrollo del alma, pero muy arriesgada. Con frecuencia se pierde la apuesta, como le ocurrió a mi padre.»

Todo lo que he observado sobre los adictos, el proceso adictivo (incluidas experiencias con mi propia adicción a las relaciones) y sobre la recuperación me lleva a creer que ese hombre tenía razón: a veces el alma elige apostar con la adicción porque es el medio más veloz y eficiente para alcanzar un fin; ese fin es la rendición, el despertar y la transformación. Cuando la voluntad no puede rendirse y el adicto no se recupera, hay ciclos de curación más prolongados, incrementales y menos drásticos por los que optar en otras vidas. O quizás el alma insista en jugar con la adicción una y otra vez, aumentando la apuesta en cada existencia subsiguiente e incrementando la presión hasta que se alcance la rendición. Quizá por eso algunos de los alcohólicos y adictos más santos en su recuperación son los que más bajo cayeron mientras consumían licor o drogas. En presencia de algunos, una tiene la sensación de que en ellos se ha producido una «resurrección en la Luz» tras años y hasta vidas enteras de oscuridad. Y para revertir completamente la vida sólo hizo falta la completa rendición de la voluntad a un Poder Superior.

No es de extrañar, por lo tanto, que cónyuges, hijos, padres, consejeros, sacerdotes, asistentes sociales o amigos bien intencionados no puedan dominar en el adicto la práctica de la adicción, pese a sus mayores esfuerzos. Nadie puede rendir la voluntad ajena; por ende, nadie puede provocar la recuperación de otra persona. Sin duda, los que deseamos intentarlo necesitamos, a nuestra vez, efectuar una rendición propia.

Por cada alcohólico, drogadicto, glotón, gastador o apostador compulsivo hay, cuando menos, otras cuatro personas cuya vida es completamente ingobernable debido a su respuesta a la conducta del adicto, sus infinitos intentos de dominar la conducta de esa otra persona. Por lo tanto, la adicción constituye uno de los medios más potentes y de mayor alcance, si se trata de lograr una transformación amplia, pues involucra a toda la familia; todos sus miembros necesitan recobrarse y cada uno de ellos puede así resultar transformado. Para los familiares, la recuperación significa reconocer la propia impotencia con respecto a otros, incluido el adicto. El simple reconocimiento de la impotencia constituye una transformación por sí sola.

Permítaseme un ejemplo. Cuando yo dictaba clases sobre el tema de la adicción a relaciones, siempre había entre el público una madre que me preguntaba:

—¿Cómo puedo evitar que mi hija haga esto? Por años enteros ella me vio sufrir por ser adicta a una relación, pero está comenzando a hacer muchas de las cosas que yo hacía. Ahora que comprendo lo enferma que he estado, quiero salvarla de cometer los mismos errores.

Mi respuesta invariable era preguntarle, sencillamente:

—¿Quién habría podido salvarla a usted? —Entonces, la madre preocupada y muchos otros de los presentes comprendían que nadie hubiera podido impedirles hacer su voluntad, que cualquier cambio positivo había sido logrado gracias a la experiencia y al sufrimiento. Quien hubiera impedido sus sufrimientos los habría privado al mismo tiempo del despertar.

Con frecuencia, los asistentes a esas clases llegaban a reconocer que, en sus familias, había distintos casos de diversas adicciones entretejidas que se prolongaban de generación en generación. Al entender sus propias adicciones recibían la clave para comprender generaciones enteras de dinámica familiar, hasta entonces incomprensible. Además, estaban aprendiendo a honrar el proceso transformativo que se desplegaba en los seres amados y a no entrometerse en él.

Temas, círculos y karma familiar

Los especialistas en adicciones reconocen desde hace ya un tiempo que, dondequiera que haya un adicto, suele existir una historia familiar de diversas adicciones entretejidas en las generaciones anteriores. Saben también que esta «enfermedad familiar» de la adicción continuará desarrollándose en sucesivas generaciones, a menos que se la atienda. La explicación clínica es que ciertos factores genéticos hereditarios predisponen a los miembros a una dependencia, así como sus progenitores estuvieron predispuestos a dependencias semejantes. Este factor genético, unido al condicionamiento emocional y de conducta que opera en toda familia donde la adicción es tema, asegura virtualmente que se presente alguna forma de adicción en las generaciones sucesivas.

Aunque comprendemos que el alma pueda elegir a padres que nos presenten dificultades, cabe preguntarse lo mismo que yo me pregunté durante mis años de trabajo con quienes abusaban de diversas drogas: «¿Qué Fuerza maligna hace que un niño nazca de padres adictos, dado que los casos de castigo físico y abuso sexual se producen con más frecuencia en las familias de adictos?»

Frente a semejante indiferencia para con el bienestar del ser encarnado, casi se podría deducir que no hay Dios alguno ni Poder de amor en el Universo... a menos que tales condiciones y circunstancias hayan sido libremente elegidas por el ser encarnado con el propósito de:

EXPRESIÓN • EXPERIENCIA • EXPANSIÓN

Así y sólo así parecería existir un mundo justo, con sentido, orden y esperanza de lograr un verdadero progreso.

¿Y si la hija de una adicta a las relaciones, por ejemplo, hubiera elegido nacer en una familia donde la adicción a las relaciones fuera uno de los temas? ¿Y si, en verdad, la presencia de ese tema fuera uno de los factores clave en la decisión de la hija atraída por esa madre en especial y por el campo en el que podría explorar la adicción a las relaciones y las de otro tipo? Llevando este concepto a su siguiente nivel lógico: ¿y si esa madre, su hija y otras personas con las que están vinculadas por lazos de matrimonio, familia y amistad han mantenido, en otras vidas, muchas relaciones diferentes entre sí, siendo siempre la adicción el tema central condicionante de todas sus interacciones? Las personas que realizan juntas esas exploraciones, a lo largo de muchas vidas, constituyen un círculo. Cada uno de esos círculos es una expresión de karmas familiares y grupales en operación; corporizan los procesos evolutivos de expresión, experiencia y expansión, organizados en torno a un tema específico compartido. Cuando encarnamos dentro de esos círculos es para explorar las diferentes facetas de un tema y alcanzar a su debido tiempo el equilibrio en nuestra comprensión de ese tema.

Estas exploraciones dentro de círculos se producen más o menos de igual manera, ya analicemos cómo encaran varias generaciones de familiares sus tareas entremezcladas, ya cómo lo hace un solo individuo en varias encarnaciones. Esto puede quedar más claro con el ejemplo siguiente.

Tres generaciones de karma familiar

En el siguiente relato, Christa, su madre y su hija Lindsey forman un círculo familiar en los que se entretejen los temas de alcoholismo, coalcoholismo y suicidio. Christa, en especial, ilustra el modo en que una misma persona puede representar distintos papeles y experimentar diferentes aspectos del tema explorado, en diferentes etapas de una misma vida. Mediante sus interacciones con la madre en la infancia y, más adelante, como progenitora de su hija, desarrolla una mayor comprensión de algunas de las múltiples facetas de adicción, depresión y suicidio. Es la necesaria repetición de estos temas, generación tras generación, lo que lleva a la comprensión.

Cuando yo tenía catorce años, mamá se mató con píldoras y alcohol. Ese día, al llegar de la escuela, la encontré en la cama, pero eso no era novedad. Cuando mi padre salía en viaje de negocios, mamá bebía sola en su cuarto, mientras yo caminaba de puntillas por la casa, tratando de no despertarla ni alterarla. Ya muy pasada la hora de cenar, decidí entrar para asegurarme de que estuviera bien, pero no encendí la luz para no hacerle daño a los ojos. La llamé una y otra vez: «Mamá... mamá...»; temía molestarla, pero también temía que algo estuviera mal. Por fin la toqué; así fue como supe, completamente sola en la oscuridad, que mi madre había muerto.

Al encender la luz vi la nota que había dejado. Sólo decía: «Perdonadme, por favor.» Bueno, no pude. No pude entonces ni por muchísimo tiempo. Creo que jamás habría podido, a no ser porque yo misma terminé como ella.

Después de su muerte todo cambió con mucha celeridad. Primero papá y yo nos mudamos e ingresé en una escuela nueva, donde nadie sabía lo que mi madre había hecho. Papá volvió a casarse, pasados unos pocos meses, con una mujer que tenía dos hijas, algunos años menores que yo. Ninguno de ellos mencionaba nunca lo que había ocurrido antes. Era como si todos quisieran fingir que mi madre no había existido; a cambio sólo tenía esa familia instantánea y horrible, y se suponía que todos debíamos ser muy felices. Bueno, yo los odiaba a todos y a mi padre más que a nadie, porque se pasaba el tiempo susurrándome lo afortunada que era y lo agradecida que debía estar.

Si con mi madre la situación había sido mala, eso era peor. Yo estaba bien segura de que ése era mi castigo por dejarla morir. Aun hoy, cuando algo sale realmente mal y duele mucho, vuelvo a pensar así.

Comencé a beber subrepticiamente y agregaba agua para reemplazar lo que consumía. Me gustaba engañarlos así, como si de algún modo lo hiciera por mi madre, para vengarme de todos ellos por actuar como si ella nunca hubiera existido ni muerto.

A los dieciséis años era bastante alocada. A los diecinueve estaba casada con un doble cinematográfico que me doblaba en edad. Hacia los veintiuno tenía un buen empleo de peluquera en un estudio de televisión. Mi esposo y yo bebíamos mucho e íbamos de fiesta en fiesta. De año en año él trabajaba menos y yo más, para compensar. Hacia los treinta y dos, la frecuencia de mis pérdidas de conciencia me llevaron a buscar ayuda en AA, pero cuando llevaba seis meses de sobriedad mi esposo me dijo que quería el divorcio: estaba enamorado de otra. Hacía tiempo que no teníamos mucho en común, salvo la bebida, y tampoco eso desde que yo no bebía. En cierto modo, no podía reprocharle que me dejara.

Cuando él se fue, las cosas resultaron difíciles, pero no imposibles. Para seguir adelante contaba con mi trabajo, con Lindsey, mi hija de doce años, mis reuniones de AA y mi madrina dentro del grupo. Pero después de dos años de abstinencia comencé a pelear contra una depresión que no me abandonaba. Tuve que pedir licencia para guardar cama, porque no podía trabajar. Mi mente andaba a mil kilómetros por hora, diciéndome que yo era una persona horrible, un fracaso; sin embargo, apenas podía hablar o moverme. Era como tratar de nadar en cemento húmedo. Todo costaba demasiado esfuerzo.

Cuando Lindsey llegaba de la escuela me encontraba así, en la cama y pidiendo que se me dejara en paz. Aunque no bebía, estaba actuando igual que mi madre. Y Lindsey respondía exactamente como yo a su edad. Trataba de no alterarme, asumía muchas de mis tareas y, aunque de vez en cuando reñía conmigo, en general intentaba mejorar la situación. Yo sentía una culpa terrible por lo que ocurría, por lo que le estaba haciendo, pero no me era posible cambiar las cosas. Empecé a pensar en el suicidio como única salida. Hasta el horror de que Lindsey pasara por lo mismo que yo había sufrido a su edad no hacía sino alimentar mi sensación de ser despreciable, la convicción de que el mundo, mi hija y todos estarían mejor sin mí.

Era mi madrina de AA la que me ayudaba a continuar. Siempre estaba dispuesta a atender mis llamadas, a cualquier hora del día o de la noche; muchísimas veces me bastaba con saber que podía llamarla. Oraba. Seguía los pasos del programa. Aceptaba el amor y el apoyo de otros miembros de AA, aunque estaba segura de no merecerlos. Finalmente, pasado casi un año y medio, la depresión empezó a disiparse. Primero tuve una hora de sentirme bien; luego, un día. Después, un par de días buenos seguidos. Más adelante, toda una semana. Era como ir dejando lentamente que entrara la luz donde sólo había oscuridad.

Por mucho tiempo esperé que la depresión volviera a dominarme, pero aún no ha regresado. Claro que tengo días malos, pero nunca una semana entera, y ya llevo cuatro años así.

He pensado mucho en el alcoholismo y el suicidio de mi madre y en mi manera de seguirle los pasos, en lo que hice sufrir a mi hija, aunque habría dado cualquier cosa por no hacerle eso. Lindsey y yo hemos conversado mucho sobre el tema y he hecho lo posible por compensarla. Pero hoy sé que estaba tan indefensa frente a esa depresión como frente a mi alcoholismo. Sin la ayuda del programa no habría salido a flote.

Mi madre nunca tuvo esa ayuda. Por eso, ¿cómo voy a juzgarla?

Si la adicción, el suicidio o cualquier otro asunto importante es algo que experimentamos en una vida sin resolverlo, es probable que nos incorporemos a un círculo donde ese tema sea explorado en otras encarnaciones. Me parece muy posible que, en el caso de Christa, el suicidio fuera un problema no resuelto durante una vida anterior, cuando menos. A fin de comprender mejor ese acto y perdonarlo durante su encarnación, tenía que enfrentarse otra vez a la situación. Eligió una madre cuyo alcoholismo y potencial de suicidio la prepararan para eso. Después, aproximadamente a la misma edad que tenía su madre cuando se quitó la vida, con una hija de la misma edad que tenía ella al ocurrir eso, Christa se vio bajo la poderosa influencia del aniversario más poderoso en toda su vida. Más aún: estaba atrapada en una triple identificación; en cierto modo, reaccionaba ante ese aniversario como tres personas distintas.

En primer lugar, era como si se hubiera convertido en su propia madre, tan llena de desesperación que no podía anteponer el bienestar de su hija a sus deseos de terminar con tanta angustia. Segundo: se identificaba fuertemente con Lindsey, reviviendo la angustia que ella también había conocido a esa edad, obligada a lidiar sola con una madre enferma y suicida. Tercero: era ella misma, una adulta abrumada por la depresión y el impulso de acabar con su vida. Christa, en efecto, sobrellevaba al mismo tiempo tres crisis, todas relacionadas con el suicidio. Fue una época terrible; cuando por fin pasó, su comprensión le permitió perdonar a su madre. Al hacerlo, sin duda, se perdonó también a sí misma por el mismo acto cometido en otra vida.

La exposición de Lindsey a la adicción materna a la posibilidad del suicidio fue muy atemperada por la recuperación de su madre, tanto de su alcoholismo como de su depresión. Gracias al ejemplo de Christa, al menos Lindsey tiene conciencia de que existen herramientas con las cuales atender esos temas, cualquiera que sea la forma que tomen en su propia vida.

Si Lindsey también desarrolla problemas similares a los

de su madre y su abuela, si sus hijos y sus nietos también lo hacen, se podría preguntar: ¿dónde termina todo esto? Al reconocer que hay varios karmas en acción será más fácil responder a esa pregunta. Primero existe el karma de cada individuo. La probable historia de Christa, que puede haber elegido el suicidio como respuesta a los problemas en otra encarnación, requería que se enfrentara de nuevo a esa decisión y resolviera otra cosa. También existe el karma familiar, compuesto de relaciones condicionadas por estos recurrentes temas de alcoholismo, depresión y suicidio. La tarea kármica compartida consistía en elevar esas reacciones de un plano de crítica y condenación a un mejor entendimiento y al perdón.

La historia de la familia ilustra de qué modo, en el contexto temático de la familia o de un grupo más amplio, encarnamos para acumular experiencia; luego, conocimiento; finalmente, sabiduría. El amor que proviene de la comprensión profunda completa nuestro karma. Hemos experimentado una situación, aprendimos de ella y la curamos. Ahora estamos en libertad de pasar a otras lecciones. Aun así, quizá continuemos encarnando alrededor de los mismos temas y con otros del mismo círculo, a fin de enseñarles, ayudarlos a curar y aportarles la luz y el amor que necesitan para soportar su situación. Esas encarnaciones son la demostración de la ley del sacrificio y sirven para curar a la familia o el grupo más amplio. En toda existencia existen karmas más y más amplios que es preciso atender y curar, como los karmas individuales.

Nuestra contribución al cuerpo de la humanidad

No es mi intención tratar aquí los temas del karma racial, nacional o planetario. Sin embargo debemos reconocer cuando menos su existencia, aparte de los karmas personal, familiar y grupal, porque cada uno de nosotros, como miembro de estos grupos más amplios, está sujeto a vastas fuerzas impersonales que afectan profundamente su vida individual. No obstante, para comprender los conceptos de karma familiar y grupal debemos aceptar que, además de ser individuos independientes, también estamos unidos con otros, con quienes componemos unidades contribuyentes dentro del gran cuerpo de la humanidad, que es un ser viviente por derecho propio.

El mismo cuerpo físico proporciona una analogía. Sabemos que las diversas células individuales, en combinación con otras similares, forman órganos con tareas propias, pero interdependientes, todas vitales para el desarrollo y mantenimiento general del cuerpo físico. De modo muy parecido los individuos, en combinación con otros genéticamente similares (su familia) y con intereses compartidos (su grupo), componen unidades o círculos con tareas propias, pero interdependientes, todas vitales y necesarias para el desarrollo de la humanidad.

Aquello que logramos como individuos, en bien de la humanidad como un todo, se consigue por lo general, ya mediante la cooperación estrecha y armoniosa con otros de nuestro círculo que comparten nuestro karma familiar o grupal, ya mediante reacciones más o menos violentas contra esas mismas personas. Gran parte de nuestros problemas con el prójimo en una existencia dada surgen porque, ligados como estamos, nos obligamos mutuamente a experimentar dimensiones distintas y hasta opuestas de asuntos relacionados.

Junto con los desafíos situacionales que nos presentamos unos a otros, también hay siempre desafíos espirituales. Una madre fría e indiferente puede obligarnos a abandonar nuestra dependencia y necesidad de aprobación para aprender a bastarnos solos, lo cual puede ser un requisito importante para alguna otra tarea que debamos asumir en esta vida. Por ende, esa madre nada afectuosa se convierte, en realidad, en uno de los medios por los cuales podemos alcanzar nuestra meta. O quizás, al buscar la aprobación de un progenitor que nos desaprueba, aceptemos desafíos que de otro modo rehuiríamos, hasta caer un día en la cuenta de que hemos logrado cosas increíbles. Tal vez tuvimos un padre o una madre sutilmente cruel, que ayudó a crear en nosotros una sensible conciencia de la facilidad con que se puede infligir dolor con unas pocas palabras, una mirada o un gesto. Como en el caso de George, un progenitor así puede crear en nosotros la aversión por la crueldad, ayudándonos a superar conscientemente la misma tendencia en uno mismo. Muchos pasamos por la experiencia de decidir que seremos muy distintos de un progenitor, en ciertos aspectos, sólo para descubrir que, pese a nuestra decisión, estamos desarrollando esos mismos rasgos y debemos superarlos. Así es como nuestro progenitor nos ha ayudado a despertar a nuestra tarea.

Por cierto, hay padres que nos dan el bienvenido presente del amor, pero de otros nos llegan dones menos gratos: los de odio, debilidad, adicción, pobreza, traición y envilecimiento, que nos proporcionan la oportunidad de redimir nuestros propios defectos de carácter. Para el desarrollo espiritual se necesita de enemigos y aflicciones, como floretes contra los cuales probarnos, a fin de convertirnos en todo aquello que somos capaces de ser.

Tareas kármicas compartidas

Por supuesto, mientras luchamos con la abrumadora responsabilidad de cargar con una madre alcohólica, el bochorno social de tener un hermano retardado, las fantasías de venganza hacia un padre violento, la ira indefensa provocada por un jefe sexista o nuestros esfuerzos, cada vez más obsesivos, por controlar los devaneos del cónyuge, olvidamos que estas dificultades son las áreas de aprendizaje que decidimos atender en esta encarnación, los campos de estudio que atrajeron al alma para la nueva estancia en la escuela de la vida. La hija que encarna con la misión de progresar en la comprensión de la violencia y su dinámica puede necesitar de un padre brutal que le proporcione la experiencia requerida. Tampoco sería ésta su misión si no buscara aumentar su propia expresión, experiencia y expansión en el tema de la violencia. En realidad, puede existir entre ella y su padre una antigua deuda kármica que terminará si ella emplea ese maltrato como trampolín, a fin de alcanzar una comprensión más profunda y la curación. Y si llegara a utilizar esa curación para ayudar a otros maltratados como ella, tanto mejor. ¿Comprendes ahora de qué modo, si ocurriera esto, tanto ella como su padre se habrían convertido juntos en instrumentos de curación? Las dos contribuciones contrastantes son necesarias para completar la tarea que, en el plano del alma, aceptaron atender juntos.

A veces los individuos comparten una tarea kármica que pueden realizar justamente porque no están de acuerdo. Con frecuencia esa tarea consiste en servir al prójimo, revelar una verdad, fundar una institución o movimiento necesarios o hacer algo que afecte a otras personas, aparte de las que están involucradas en forma más directa. Lo interesante es que, con frecuencia, esas dinámicas de encarnación se pueden discernir o verificar por los horóscopos de las personas participantes, interpretados y comparados por un astrólogo hábil y sensible. Muchas veces, en el caso de relaciones muy dificultosas entre miembros de una misma familia, las dos cartas natales parecen componer un cuadro completo e indican que comparten ese tipo de tarea kármica conjunta. Tal es el caso de las mujeres cuya historia voy a contar.

Helen y Lydia se han pasado la vida en guerra. Helen, la hermana mayor, es alta, morena y voluptuosa, afecta a usar ropas vistosas y a conducir coches llamativos. Dice lo que piensa, es exigente y casi siempre se sale con la suya. Lydia, dos años menor, también es alta y morena, pero tiene ojos de gacela y un aire etéreo, como de otro mundo. Pero a su modo, silencioso y humilde, Lydia es tan decidida como su hermana Helen.

Cuando las infidelidades del padre bebedor y el fiero temperamento de la madre provocaron el divorcio, las niñas tenían siete y nueve años. Helen pasaba todo el tiempo posible con el padre, gastador, alcohólico y juerguista, mientras que Lydia se mantenía leal a su madre, una griega exótica, emotiva, supersticiosa y astuta para las finanzas. Al morir la madre, que tenía entonces cerca de cincuenta años, las dos hijas se encontraron atadas la una a la otra por la herencia conjunta de las propiedades maternas.

A los dieciséis años, Helen se había fugado con un hombre mayor que la dejó cuando estaba por nacer su hijo, para reconciliarse con su esposa anterior. Al nacer Michael, la madre de Helen estaba furiosa con ella y el padre, como de costumbre, borracho. Sólo Lydia, que tenía catorce años, fue al hospital para visitar a su hermana y al sobrino recién nacido.

Como no tenía adónde ir, Helen volvió con el bebé a casa de su madre, que pasó meses enteros sin hablarle. La muchacha trabajaba de noche para pagar sus gastos y los del bebé. La madre trabajaba durante el día. Lydia iba a la escuela y compartía con su hermana el cuidado del bebé. Aunque ambas lo adoraban, desde el principio tuvieron puntos de vista muy diferentes con respecto a sus necesidades y su bienestar; cada una de ellas estaba convencida de que la otra lo estaba haciendo todo mal. Helen, en parte por motivos prácticos, insistía en alimentar a Michael según un horario estricto, aunque debiera despertarlo al llegar la hora. Lydia, en cambio, lo alimentaba sin horarios, cuando el bebé lo pedía, situación que solía echar a perder los intentos de Helen de dormir un poco durante el día, para llegar a tiempo a su trabajo nocturno.

Pasaron los años. Helen volvió a casarse, pero no tuvo más hijos. Lydia nunca se casó; hasta la muerte de su madre vivió calladamente con ella; siempre estuvo tan cerca de Michael como lo permitía su difícil relación con Helen. Alrededor de los veinticinco años, a Michael se le diagnosticó una leucemia mielocítica, cáncer fatal que suele matar a sus víctimas en el término de tres o cuatro años.

Desde el momento en que se identificó su enfermedad, la

madre y la tía discutieron furiosamente sobre el tratamiento adecuado para ese joven, tan querido para ambas. Helen, luchadora de nacimiento, consideraba la enfermedad de su hijo como un enconado enemigo que debía combatir con todos los medios médicos posibles. Cuando Michael inició un tratamiento de radiación y quimioterapia, que no suelen tener demasiado éxito con ese tipo de cáncer, Lydia se horrorizó, pues estaba convencida de que esos tratamientos debilitaban el sistema inmunológico. Instó a Michael a explorar enfoques alternativos: un curandero, meditación, hierbas y dieta. Su defensa de estas técnicas no tradicionales enfureció a Helen, que la acusaba de socavar la autoridad del médico.

Michael combinó discretamente las recomendaciones de Lydia con las del médico y se estabilizó por un tiempo. Después de un año y medio, cuando empezó a declinar con rapidez, cada una de las hermanas culpó a la otra.

Al aumentar los sufrimientos del joven, Lydia trató de disuadir a Helen de continuar probando todos los recursos médicos, muchos de los cuales eran dolorosos y agotadores. Lydia quería que Michael abandonara el hospital y volviera a su casa; había pasado por el proceso de la muerte con dos amigos y sabía lo bello y apacible que podía ser el pasaje. Dada su fuerte creencia en la vida posterior y la reencarnación, estaba segura de que la actitud más amante y bondadosa para con Michael era hacerlo sentir cómodo y ayudarlo a partir. Para Helen era, simplemente, una traidora; ella insistió en que su hijo debía permanecer en el hospital, donde se pudieran tomar todas las medidas de emergencia necesarias para mantenerlo con vida. Aun cuando Michael entró en coma, Helen continuó luchando y exhortando al médico a hacer algo, convencida de que dejarlo morir era una terrible traición.

Así, mientras Helen guerreaba y Lydia oraba, Michael se iba poco a poco. Cuando murió ambas mujeres habían aprendido mucho sobre las múltiples dimensiones del cáncer y estaban profundamente dedicadas, cada una de un modo muy diferente, a educar a la comunidad y desarrollar recursos para quienes luchaban contra la enfermedad en sus distintas formas.

En la actualidad, esas mujeres prestan una contribución tan vital a la red local de servicios para cancerosos que a cualquier afiliado a esa red le costaría imaginar su funcionamiento sin ellas. Helen organiza colectas para financiar equipos nuevos, se abre paso por entre la burocracia para asegurar servicios médicos para los pacientes necesitados y promueve servicios de apoyo para familiares y amigos. En contraste con las notorias actividades de Helen, Lydia ofrece en silencio su profunda aceptación del proceso a los pacientes que están en las últimas etapas de la enfermedad. Siempre presente y disponible para ellos cuando hacen la transición, honra el derecho de los enfermos a morir, mientras su hermana batalla por su derecho a vivir.

Ahora estas dos hermanas están en proceso de convertir una propiedad, entre las que heredaron conjuntamente de su madre, en una sede vital para la atención de cancerosos. Sin duda pelearán en este nuevo proyecto, tal como lo han hecho siempre en todas las tareas que compartieron. Lo que les impide separarse es el profundo amor de ambas por Michael, a cuya memoria se dedicará el nuevo edificio. Cada una de ellas tiene voluntad de hierro. Ambas son íntegras. Ninguna de las dos se deja apartar de su camino. Y aunque riñen entre sí y sufren al sentirse incomprendidas, la obra que realizan en tándem es equilibrada y completa.

Compartir una tarea kármica como Helen y Lydia rara vez resulta fácil ni cómodo, porque con mucha frecuencia es la misma fricción generada entre los involucrados lo que hace posible el logro. Piensa ahora en los familiares con quienes tienes una relación más difícil, aquellas personas con los que compartes lazos de sangre y, muy posiblemente, también tareas kármicas. Si pudiste apreciar que Helen y Lydia, con sus temperamentos y perspectivas tan diferentes, eran igualmente sinceras, trata de aplicar esa misma objetividad al análisis de aquellos con quienes estás ligado.

Imagina lo que podrías realizar junto con esos parientes con quienes luchas. Observa de qué modo habéis crecido todos, expandiéndoos, gracias a las presiones generadas entre vosotros. O quizá tú, como individuo, te has hecho más firme en tu fidelidad a ti mismo, como reacción contra el familiar que constituye tu mayor némesis. Busca el equilibrio que se puede lograr combinando temperamentos. Busca las lecciones dirigidas a tu propia alma y los dones para el grupo más amplio que pueda estar generando este vínculo. Deja que esta perspectiva expandida de la naturaleza de tus lazos familiares se demore en tu conciencia y, con el correr del tiempo, llegarás a apreciar como necesarias esas mismas cualidades y conductas ajenas que antes tanto te resentían.

¿Puedes buscar, como el alquimista que se esfuerza por extraer oro de metales comunes, lo que hay de precioso entre los aspectos más horribles y descorazonadores de tu vida? Si lo haces lo hallarás allí, esperando tu descubrimiento consciente.

7

¿Adónde voy y cuándo llegaré?

Cuentos de hadas... mitos... sagas épicas de hazañas realizadas por valientes aventureros...

Estos relatos familiares y queridos, con todos sus fantásticos detalles, ejercen hechizo sobre nosotros una y otra vez, generación tras generación. Sin que importen las circunstancias de nuestra vida, nos hablan, nos atraen, nos arrastran porque en verdad son nuestra propia historia. Mediante metáforas simbólicas, nos describen a ti, a mí y a nuestra gesta heroica: un viaje en el cual nos vemos separados de nuestra Fuente y obligados a expandirnos por medio de la experiencia, a superar tentaciones, despejar engaños y dominar los defectos de nuestro carácter, hasta que retornamos al hogar, esclarecidos.

Estos relatos suelen comenzar presentando a un muchacho común, quizás algo tonto, o un joven noble que, no obstante, debe demostrar su temple. Con mucha frecuencia es el menor de tres hermanos y, por lo tanto, el más inocente, ingenuo y lleno de optimismo. Igual que el Loco del tarot, cuya carta sin numerar indica infinitas posibilidades (todas ellas requieren, empero, trabajo), nuestro protagonista abandona el hogar para abrirse camino en el mundo y buscar fortuna.

Muchas veces comienza su gesta a fin de prestar alguna

ayuda al padre, así como nosotros encarnamos para ayudar a la expansión del alma. En «El pájaro de fuego», cuento favorito de los rusos, el príncipe Iván, hijo menor del rey, parte en busca del Pájaro de Fuego, que ha robado manzanas de oro de la huerta de su padre. Como casi todos los protagonistas de esos relatos (y casi todos los seres encarnados) la búsqueda se inicia con bastante sencillez, pero pronto sus actos lo embrollan en una serie de aventuras peligrosas. El príncipe llega a un cruce de rutas indicado por una piedra, cuya inscripción reza: «Hacia delante para buscar esposa, hacia la izquierda para que te maten y hacia la derecha para perder tu caballo.» Al pensar que aún no es tiempo de buscar esposa y sin deseos de morir, gira hacia la derecha. Más tarde, al despertar de una siesta, descubre que su caballo ha desaparecido. Un lobo gris admite haber devorado su caballo, pero se ofrece a ocupar su lugar, llevar al príncipe en su lomo y actuar como fiel sirviente.

El lobo lleva al príncipe hasta el Pájaro de Fuego y le advierte que sólo debe tomar el ave, pero no su jaula de oro. El príncipe Iván no puede resistir la tentación de tomar la jaula; suena una alarma y lo atrapan. El rey, dueño del Pájaro de Fuego, exige que el príncipe le traiga, a cambio de su libertad, el ave y la jaula, al caballo de crines de oro. El dilema del príncipe corre paralelo con lo que ocurre cuando el alma se abre paso entre los peligros de la encarnación. Cada experiencia necesaria crea inevitablemente consecuencias o karma que es preciso resolver; por un tiempo largo y cansino se producen furiosas batallas en regiones peligrosas y aparecen dificultades que es preciso dominar para que la parte encarnada del alma, como el vagabundo del cuento, pueda volver al hogar.

El príncipe Iván parte, pues, en busca del caballo, advertido por el lobo de que sólo debe tomar el caballo, no sus arreos de oro. Pero el príncipe no puede resistir la tentación de tomar los arreos, suena una alarma y el furioso rey, dueño del caballo, exige al príncipe que, a cambio de su libertad, el caballo y sus arreos de oro, Iván le traiga a la Bella Helena para desposarla.

Cada uno de estos desafíos equivale al elevado precio pagado por las experiencias del alma en el plano terrestre. Estas experiencias producen consecuencias, karma que, como la tarea a la que se enfrenta nuestro príncipe, debe ser enfrentada y superada, so pena de que se interrumpa todo el progreso. Pueden ser necesarios muchos intentos del príncipe Iván, muchas vidas por parte del alma, para superar esos desafíos.

En la mayoría de los relatos míticos, nuestro protagonista se ve tentado, atrapado y desafiado; hace frente y supera diversas dificultades y, por lo tanto, va ganando experiencia, confianza y madurez, hasta convertirse en un héroe, en un verdadero superhombre. Pero al aumentar sus poderes también aumenta su temeraria arrogancia. En la cima de su fuerza cae en una trampa o sufre una herida tal que no bastan su inmensa fuerza y su valor para salvarlo. Ha logrado tanto y superado tantas cosas, para finalmente encontrarse del todo inerme. Así ocurre con el príncipe Iván. Tras haber robado no sólo el Pájaro de Fuego, sino también el caballo y a la Bella Helena, agradece al lobo toda su ayuda, sin prestar atención a sus advertencias de que aún puede necesitar ayuda. Ufano en su confianza, en el trayecto de retorno al hogar decide detenerse a descansar. Mientras él y la Bella Helena duermen, pasan sus dos hermanos y, al verlo con el Pájaro de Fuego, el caballo de crines doradas y la Bella Helena, deciden matarlo; uno se apodera del caballo y el ave; el otro, de la Bella Helena.

El príncipe Iván yace muerto en la llanura por noventa días, hasta que el lobo ve su cadáver y soborna a un cuervo para que le traiga las aguas de la muerte y de la vida. Con las aguas de la muerte, cura las heridas del príncipe. Con las de la vida, lo reanima.

—De no ser por mí —le dice el lobo—, habrías dormido para siempre.

Y así el lobo, ese ser poderoso que ha acompañado al héroe

desde el principio de su viaje hasta el final, vigilándolo, guiándolo, permitiendo que fuera castigado y templado por la derrota para devolverle por fin la salud, lo lleva a casa de su padre y hacia los tesoros que son el don de su gesta.

Todos estos cuentos describen nuestro viaje por la encarnación en el plano terrestre, bajo la guía del alma. Esotérica y místicamente, el alma se considera femenina. El casamiento del héroe con la hermosa doncella o princesa representa el cierre del ciclo, al unir al buscador con el alma. La última carta del tarot llamada el Mundo, representa la perfecta unión de lo masculino y/o femenino, en un hermafrodita que danza. Esta carta representa el fin del viaje del Loco por la vida, el logro final de la perfecta unidad.

Desde la ingenua inocencia, a través de pruebas de valor, hasta la sabiduría y la perfección finales, el viaje del héroe es nuestro viaje. Se entiende, pues, que jamás nos cansemos de estas antiquísimas leyendas ni del bravo viajero que, tras peligrosas expediciones en tierras lejanas donde se enfrentó a enemigos, perdiendo y ganando batallas, retorna victorioso al hogar.

Somos embajadores del alma

Si en nuestra existencia cotidiana no nos vemos como infatigables cruzados de una gesta inmensa, sino más bien como cansados actores de un interminable culebrón, es porque nuestra visión es limitada. Durante una encarnación en el plano terrestre nos identificamos casi por completo con nuestro cuerpo físico y las percepciones de sus sentidos, a las cuales nuestra personalidad agrega sus interpretaciones de la realidad. No nos damos cuenta de que, tomadas en conjunto, sólo componen la avanzada del alma en el denso plano físico. Nuestra excesiva identificación con el vehículo de la existencia física es más o menos como decidirse a emprender un viaje, buscar un coche y conducirlo rumbo a nuestro destino, pero creer sólo en la realidad del vehículo, la ruta, el panorama y los acontecimientos del camino, olvidando por completo que fue uno quien decidió hacer el viaje, y conducimos y terminamos por llegar. Los datos de nuestros sentidos físicos oscurecen el hecho de que el alma que nos envía es una realidad mayor que nuestro provisorio vehículo para el viaje.

Como embajador del alma en el plano terrestre, el ser humano encarnado se mueve en una de dos direcciones. Como nuestro héroe, puede alejarse del hogar o emprender el regreso, tras haber aprendido mucho de su viaje. Esotéricamente se dice que estamos en el Camino hacia Fuera o en el Camino de Retorno. Mientras vamos por el Camino hacia Fuera, descendemos a la materia física y nos identificamos más y más con ella; primero, mediante nuestro cuerpo físico, las sensaciones y experiencias que éste nos proporciona; después, mediante nuestra visión de uno mismo como personalidad, como fuerza para realizar nuestros deseos en el mundo material. En el Camino de Retorno nos vemos atraídos hacia nuestra Fuente de origen y llevamos con nosotros todo lo que hemos ganado en nuestras aventuras. Sin embargo, como ya hemos visto, a fin de reconciliarnos con lo que nos envió, debemos desprendernos del karma que hemos generado y curar las heridas ocasionadas por las experiencias vividas en el Camino hacia Fuera. Muchas de estas heridas y las configuraciones de energía congelada que las acompañan, «cicatrices energéticas», se eliminan mediante la comprensión, el perdón y el remedio a través del servicio.

El desarrollo humano del nacimiento a la muerte

Todo el proceso de avance hacia fuera y retorno al hogar está demostrado, en el microcosmos, en el desarrollo del ser humano durante una sola vida. Nacemos y pasamos el primer período de vida concentrados sobre todo en dominar nuestro vehículo físico. A medida que obtenemos una mayor destreza, vamos transfiriendo nuestra atención al mundo más amplio, con sus tentaciones, oportunidades y desafíos. Sentimos el poder de nuestra personalidad en desarrollo y comenzamos a tomar decisiones, a actuar. Con el desarrollarse de las consecuencias vamos ganando experiencia. Sin embargo, el proceso deja sus huellas. En el camino sufrimos chichones, cardenales y también algunas heridas profundas, tanto en el cuerpo físico como (lo más importante) en los niveles profundos, donde moran las emociones y los pensamientos. Estos chichones, cardenales y heridas son parte inevitable y hasta necesaria de la experiencia de la vida, rica fuente de aprendizaje, comprensión y crecimiento. Pero el dolor y las cicatrices que los acompañan causan siempre algún grado de deterioro y hasta paralización de las zonas afectadas. Todo deterioro sufrido, ya sea físico, emocional o mental, a menos que se lo cure, tiende a durar toda la vida, tornándonos con frecuencia más rígidos, fijos y petrificados con el tiempo.

En una etapa posterior de la vida llega un punto de reorientación. A medida que nuestro cuerpo físico empieza a fallar, disminuye la atracción que tiene el mundo exterior sobre nosotros. Cada vez nos volvemos más hacia dentro o, si lo prefieres, hacia arriba. Empezamos a ocuparnos de lo que habitualmente llamamos intereses espirituales. Con frecuencia aparece una profunda necesidad de hallar sentido a la vida y también de atar algunos cabos sueltos, curar brechas y enemistades antiguas, desechar viejos rencores y buscar reconciliaciones. Reemplazar nuestro anterior apetito por experiencias más numerosas y amplias es un anhelo de paz, tanto interior como exterior, y de eliminar todo lo que impida esa paz, incluyendo por fin al cuerpo físico.

Desarrollo del alma a lo largo de muchas vidas

Este concepto de despliegue progresivo, de avanzar primero hacia una manifestación física más potente para luego, en un punto de rica madurez, regresar hacia el centro y la fuente, también da cabida al concepto macrocósmico de las vidas múltiples, experimentadas en bien del alma.

El progreso del alma a través de innumerables encarnaciones sigue un patrón similar al del desarrollo humano individual; se inicia con un largo período en el cual su trabajo principal es alcanzar el dominio del vehículo físico o cuerpo. A este dominio, logrado después de muchas vidas, sigue el desarrollo y refinamiento del equipo emocional y, más adelante, del aparato mental. La siguiente meta de la encarnación, que también requiere muchas vidas, es la efectiva coordinación de todos estos elementos: los aspectos (o cuerpos) físico, emocional y mental. Cuando estos cuerpos están finalmente alineados y funcionando en sincronización energética, el resultado es una personalidad realmente integrada.

La personalidad integrada, cuando se alcanza, es un potente vehículo para la expresión en el mundo exterior, una poderosa fuerza para el bien o para el mal. Es justamente a esta altura del desarrollo cuando el alma empieza a reparar más en sus manifestaciones en el plano terrestre. Por fin tiene, en la personalidad integrada, un vehículo lo bastante evolucionado como para expresar en la existencia material las cualidades del alma. Y ésta empieza a llamar a gritos a su manifestación, a reclamar su vehículo de expresión.

Lo que ocurre entonces equivale a lo que pasa cuando una madre llama a su hijo cuando está jugando, embelesado en el glorioso papel que representa en su drama de mentirijillas. Al principio la criatura no oye siquiera el llamado de su madre, tan fuerte es el mágico hechizo bajo el cual está; cuando por fin escucha la voz del adulto, se resiente por la intromisión y se niega a acudir. Para que entre en la casa serán necesarias medidas más fuertes.

Lo mismo sucede cuando el alma llama a la personalidad integrada, que está en el mejor momento de su potencia en el plano terrestre y se resiste, resentido por la llamada. Se produce entonces una lucha entre la personalidad y el alma. Sigue una serie de vidas en las que la presión del sufrimiento, generado por fallas en nuestro carácter, acaba por hacernos reconocer las limitaciones de nuestro egocentrismo y obstinación. Cuando el príncipe Iván despidió al lobo, decidiendo que le bastaban su fuerza y su sagacidad para completar solo el viaje, sufrió la peor de todas las catástrofes: fue asesinado y yació muerto por mucho tiempo. Sólo el lobo, con sus cuidados, pudo despertarlo y llevarlo al hogar.

Todos debemos aprender, tarde o temprano, que no es posible hacer solos el viaje. Debido a grandes presiones, a veces terribles, nuestra personalidad desarrolla la disposición a rendirse a un poder superior, más grande que ella. Cuando lo hacemos se produce la curación gradual o súbita de esas dificultades que provocaron nuestra rendición.

A medida que recorremos el Camino de Retorno vamos cobrando cada vez más conciencia de que el alma nos guía. Se repiten episodios incompletos de vidas anteriores, de los que aún llevamos heridas y cicatrices, pero reaparecen como ciclos de curación. Se generan presiones; somos sometidos a pruebas. A su debido tiempo nos rendimos a esos ciclos de curación; los resultados son comprensión, perdón y servicio.

Cuanto más nos encontramos con el viejo karma y lo superamos, cuanto más curamos viejas heridas y eliminamos antiguas cicatrices, más fuerte y consciente se torna nuestra identificación con el alma. A lo largo de innumerables vidas, desarrollamos un vehículo cada vez más refinado y sensible para la expresión del alma, hasta que al fin se disuelve la división entre lo que se manifiesta en materia y eso que lo envió a su manifestación. Se alcanza la unión entre el alma y su vehículo. Como veremos más adelante, la expiación es el paso final de esa reconciliación.

Almas jóvenes y almas viejas

El viaje que nos aleja y nos regresa a nuestra Fuente es un largo proceso de etapas y ciclos, cada uno diferente de los otros. Así como una persona joven y otra madura asumirán, sin duda, enfoques diferentes del mismo problema, también el alma que llamamos «joven», en el Camino hacia Fuera, y el «alma vieja», en el Camino de Retorno, reaccionarán ante situaciones y condiciones similares de manera notablemente distinta. Como alma joven que busca la experiencia necesaria, con frecuencia tendemos a iniciar y perpetuar las dificultades, mediante una postura combativa o una empecinada determinación de imponernos. Así debe ser, pues estamos desarrollando el valor físico y la integridad personal que ejercitamos por su propio valor, y aprendiendo a defendernos solos. Ponemos un fuerte acento en las palabras «yo», «mío», «a mí». Lo que tratamos de alcanzar es, ante todo, para nuestro yo personal; más tarde esta esfera puede extenderse a «mi» esposa, «mis» hijos, «mi» familia, «mi» comunidad, «mi» país. Ejercemos el poder por el poder mismo y en beneficio personal. Podemos actuar como soldados heroicamente valerosos, pero como civiles nos enredamos en problemas con la autoridad, por nuestras reacciones agresivas ante quien se nos oponga. Esta perspectiva egocéntrica de lo que afecta a nuestra vida personal, ya sea el armamento nuclear o el ladrido del perro vecino, es en un todo adecuada para el Camino hacia Fuera y abre paso al desarrollo subsiguiente. Después de todo, a fin de practicar la verdadera valentía moral debemos haber desarrollado primero la valentía física. Y en términos de desarrollo psicológico, debe existir un yo para poder trascender el yo.

Cuando estamos en el Camino hacia Fuera la vida es muy diferente de cuando nos acercamos al Punto de Integración; más diferente aún, cuando avanzamos por el Camino de Retorno. Cualesquiera que sean las circunstancias exteriores, en las primeras etapas del viaje la vida es una aventura caótica y dramática, que evoca fuertes reacciones físicas y emocionales de todo tipo. Dominar el cuerpo físico, aumentando su fuerza y perfeccionando sus habilidades, es una preocupación común. Pero nuestro dominio consciente de las emociones es muy inferior al que tendremos en un punto posterior del Camino. Como aún no hemos desarrollado bien las habilidades mentales, generalmente nos sentimos más felices dedicados a las tareas físicas que a los emprendimientos intelectuales.

Cuando se llega al Punto de Integración, ya no se vive mediante la reacción, sino mediante la acción lograda utilizando el pensamiento racional y el control consciente. Hemos desarrollado la capacidad de concebir metas y llevarlas a cabo mediante un planeamiento deliberado. Estamos logrando ascendiente en la vida; percibimos nuestro poder y eso nos intoxica.

En esta etapa de la evolución, el reconocimiento nos resulta muy importante. Es en el Punto de Integración donde tenemos más probabilidades de ser reconocidos por nuestro poder, logros e influencia. La mayoría de quienes aparecen en los diarios (políticos, gente de la industria del espectáculo, líderes de movimientos) están en el Punto de Integración y ejercen su gran poder para el bien o para el mal. En la fuerte personalidad que caracteriza a quien está en el Punto de Integración hay siempre dos rasgos presentes: la obstinación y el egocentrismo. La obstinación es el convencimiento de que nuestro punto de vista es el adecuado, junto con una gran decisión de alcanzar nuestros fines. El egocentrismo es la preocupación por nuestra condición de inigualables y la exigencia de que otros noten y aprecien esa condición. Con frecuencia, esta exigencia de ser reconocidos como personas especiales es lo que, tarde o temprano, provoca las pruebas y las dificultades que acaban por reconciliarnos con nuestra alma. Y a medida que renunciamos poco a poco a la obstinación y el egocentrismo, giramos en la esquina de la evolución y comenzamos a recorrer el Camino de Retorno.

Una vez que se escucha y atiende la llamada del alma, cambian todas las reglas para vivir. Tras haber internalizado, con gran esfuerzo, normas y guías para vivir efectivamente, ahora descubrimos que ya no nos sirven. Esto se debe a que, en el Camino de Retorno, nuestra tarea ya no es desarrollar la valentía física, como lo era en el Camino hacia Fuera, ni pensar, planificar y ejercer el poder, como en el Punto de Integración. En vez de trabajar para lograr las metas de la personalidad, debemos utilizar nuestro poder, valerosa y reflexivamente, para servir al grupo, guiándonos por el contacto consciente con un Poder Superior.

En el Camino de Retorno enfrentamos igual número de desafíos, tanto externos como internos; pero ahora todo problema requiere una solución que tome en cuenta el bienestar de todos, no sólo el propio bienestar o el de nuestro grupo personal. Al identificarnos con toda la humanidad, el acento supone un abarcamiento mayor, que comprenda todos los aspectos y no adopte posiciones dogmáticas en favor ni en contra, por muy noble que pueda ser la causa. Ahora estamos dispuestos a ceder, a comprender, a perdonar y, por encima de todo, a servir. Son más importantes las metas del alma que las de la personalidad.

Desde el Camino hacia Fuera hasta el Punto de Integración y por el Camino de Retorno, la fórmula de todo el proceso de la evolución humana se podría expresar así:

Falta de Control → Control Consciente → Rendición Consciente

o

Reaccionar ante la vida → Actuar en la vida → Servir a la vida

Para quien está en un punto del Camino, los valores, creencias y actos de otra persona que esté en un punto diferente pueden parecer incomprensibles y hasta insostenibles. Sin embargo, una vez que el individuo ha avanzado lo suficiente por el Camino de Retorno (punto que muy pocos han alcanzado) se logra la verdadera tolerancia. Así como el adulto acepta que el niño tiene una comprensión y una capacidad limitadas por su falta de desarrollo, así la persona que está en un punto avanzado del Camino de Retorno respeta y honra las actitudes y conductas de otros viajeros, que aún no han avanzado tanto a través de tantas vidas.

Cómo se expande la conciencia mediante la experiencia

Sólo un ser del más alto desarrollo espiritual es capaz de ver con comprensión su Camino a lo largo de muchas vidas. Se dice que el Buda, en Su iluminación final, vio con claridad cada una de Sus vidas en la Tierra y comprendió la contribución de cada una. Cuando logremos la conciencia para cuyo desarrollo hemos venido, también nosotros «reveremos» todas nuestras vidas al mismo tiempo.

Mientras tanto, debido a los necesarios límites de nuestra perspectiva, tendemos a creer que esta existencia de la que tenemos conciencia, la que estamos viviendo en la actualidad, es lo que somos y quienes somos en nuestra totalidad. Pero muy ocasionalmente algo nos insinúa que, en realidad, existe un cuadro mucho más amplio, al que ya hemos contribuido mucho y que, a su vez, influyó sobre el tipo de existencia que vivimos ahora.

El siguiente relato ilumina el despliegue de conciencia y el progreso de una mujer por el Camino, a lo largo de sucesivas vidas. Es una adiestradora de caballos a la que llamaré Paula, una mujer que, en vez de adoptar los métodos comúnmente utilizados en su profesión, con frecuencia crueles, se ha ganado admiración y respeto por su enfoque humano. Utiliza un contacto suave y tranquilizador con todos los animales a que se enfrenta, por muy desafiante que sea su conducta, sintonizando su carácter único y su capacidad y tomando en cuenta cualquier historia traumática posible. Algunos de los resultados que alcanza rayan lo milagroso. Nos conocimos cuando yo asistí a una de sus demostraciones. Después, durante una conversación, me contó la notable historia siguiente.

Esto ocurrió hace unos seis meses. Cuando había dado por finalizada una conferencia ante una gran multitud, se me acercó una mujer que se presentó con el nombre de Anna; después de entregarme una hoja de papel plegado, me pidió que lo leyera más tarde, a solas. Le di las gracias, guardé la nota en el bolsillo del abrigo y me olvidé por completo de ella hasta que, semanas más tarde, volví a ponerme el mismo abrigo. En la nota Anna se identificaba como psíquica y escribía que, durante la conferencia, había visto en el escenario a un hombre corpulento vestido al estilo de la Regencia, detrás de mí, a mi izquierda. Anna lo identificaba como uno de mis Guías, que había sido yo misma en otra vida.

Anna lo observaba mientras yo hablaba y aseguraba haber visto escenas de su vida y las circunstancias de su muerte. Él también había sido adiestrador de caballos, particularmente brutal en sus métodos y dado a descargar su enojo en los animales. Murió por la coz de un caballo que lo golpeó en la espalda, en la zona del riñón izquierdo. Su muerte fue lenta y muy dolorosa, por lo que tuvo mucho tiempo para analizar su propia angustia y la que a su vez había causado.

Anna escribía que, a través de sus sufrimientos, él había consumido cuando menos parte del karma generado durante esa vida inhumana. Sugería que quizá yo tuviera una cicatriz accidental o una marca de nacimiento en esa misma zona de la espalda.

Al leer esa nota supe de inmediato que todo lo escrito allí era verdad. Yo conocía las experiencias de ese hombre de la Regencia; sabía que él era parte de mí y que me instaba a utilizar métodos mejores en esta vida. Lo más asombroso es, quizá, que en verdad tengo una gran marca de nacimiento roja en la espalda, por la zona del riñón izquierdo.

Con frecuencia, como en el caso de Paula, hay evidencias físicas de los traumas sufridos en vidas pasadas, bajo la forma de cicatrices, marcas de nacimiento, deformidades o debilidades. También suele ocurrir que las vidas subsiguientes revelen el proceso incremental de la evolución de conciencia. Imaginemos, por ejemplo, que Paula había estado relacionada con los caballos en muchas existencias, antes de su encarnación en el adiestrador de la época de Regencia, incluida alguna vida en que perdió a un ser amado en un accidente provocado por el capricho de un animal. El dolor de esa pérdida hizo que la ira y la angustia quedaran congeladas en ella. Entonces siguió su existencia como el adiestrador de la Regencia, que se vengaba por medio de sus métodos brutales, ideados para eliminar cualquier capricho semejante, con lo que se obtenían caballos tan cansados por el castigo que eran sólo autómatas quebrados.

El cruel adiestrador, al morir, sufrió un despertar causado por la herida, que era consecuencia directa de su inhumanidad. Este despertar a la angustia que había infligido fue resultado de su propia experiencia personal del sufrimiento físico, combinado con la evolución de su conciencia.

Despertares tales pueden producirse mientras el ser está aún en el cuerpo físico o durante el «repaso postmortem» (frase acuñada por Kenneth Ring, que ha estudiado extensamente las experiencias de cuasi-muerte). Recordemos que, durante el repaso postmortem, se ven los sucesos y experiencias de la encarnación recién completada con una claridad, objetividad y coherencia que no son posibles mientras estamos en el cuerpo físico, bajo la influencia de la personalidad. Este repaso postmortem provoca siempre una expansión de la conciencia. Traer esa expansión a la conciencia personal durante la encarnación física es la tarea corriente del alma, que debe operar dentro de las limitaciones de tiempo, espacio y materia física.

Por mucho que deploremos la crueldad y nos resistamos al sufrimiento, es importante recordar que todas estas experiencias son necesarias, pues mientras estamos en el plano terrestre aprendemos y cobramos conciencia por medio del contraste, de la dualidad y de la experiencia de estados opuestos del ser. En general sólo tenemos conciencia de nuestra salud, por ejemplo, si recientemente hemos experimentado una enfermedad. Creemos que la abundancia nos es debida, a menos que hayamos conocido privaciones. Y la conducta cruel puede no parecerlo tanto mientras no se la compara con expresiones de bondad y compasión. Hasta que nuestra conciencia evoluciona reaccionamos a nuestro propio sufrimiento con un deseo de venganza o retribución. Pero cuando desarrollamos la capacidad de sentir el sufrimiento ajeno, además del propio, despierta en nosotros, como en el adiestrador de caballos renacido en Paula, una dedicación inversa a aliviar ese sufrimiento en vez de infligirlo.

Cuando era un adiestrador brutal, Paula estaba bajo el gobierno de sus emociones, sobre todo del deseo de venganza.

Esto indica que aún se está en el Camino hacia Fuera. En la actualidad está curando el viejo karma generado durante esa vida previa: sirve a los animales y enseña a quienes los cuidan sus suaves métodos de adiestramiento. Quizás haya pasado por muchas encarnaciones entre esa antigua vida de crueldad y la actual; en ellas Paula evolucionó hasta cruzar el Punto de Integración. Pero su vida actual de abnegado servicio indica a una persona en el Camino de Retorno.

Karma, remedio y el sanador herido

En el Camino de Retorno, nuestra primera tarea es remediar el karma que se haya generado en el largo proceso de profundización de nuestra conciencia. En el nivel más elevado del remedio no nos oponemos a nada: sólo ayudamos. En el caso de Paula, por ejemplo, a fin de que se produzca el remedio debe existir tanta compasión por esos seres humanos que, por temor o ignorancia, llegan a la crueldad inadvertida o deliberada como por los animales sujetos a esa crueldad. De otro modo, al juzgar las creencias y actos ajenos, se generaría más karma. En todas sus enseñanzas Paula ejemplifica una actitud de aceptación y amor, sirviendo magníficamente a las necesidades de su público humano, tanto como las de los animales a su cuidado, sin culpar a unos ni a otros por los problemas que se producen entre ellos. Ha evolucionado hasta lo que, en mitología, se denomina «el sanador herido», el que comprende realmente por medio de la experiencia personal y que puede curar desde ese sitio de comprensión.

El arquetipo del sanador herido está representado en muchas de esas personas que dedican la vida a un servicio Compasivo. La familiaridad con las condiciones de aquellos a quienes ayudan puede haberse desarrollado mediante experiencias previas en esta vida o, como en el caso de Paula, estar ocultas en otras existencias. Cualquiera que sea la fuente, la profundidad de su empatía y su respeto los diferencian y los tornan infinitamente más efectivos que quienes sólo muestran simpatía y buenas intenciones. La herida ha sido transformada en un don de entendimiento y curación, don que recibieron primero ellos mismos mediante el sufrimiento, y pudieron luego compartir con los demás.

Nuestro mapa interior de conciencia alcanzada

A medida que avanzamos por el camino, llevamos con nosotros y demostramos todas las grandes etapas de desarrollo por las que hemos pasado hasta ahora, como individuos y como especie. El principio biológico de que «la ontogenia recapitula la filogenia»* describe este proceso en el reino físico. Quien haya estudiado siquiera una lección de biología recor-

* ontogenia: desarrollo del organismo individual;
filogenia: evolución de una raza o un grupo de organismos genéticamente relacionado (como especie, familia u orden).

dará, por ejemplo, que los mamíferos presentan, en la primera etapa embrionaria, las agallas de sus remotos precursores evolutivos, moradores del mar.

El principio recapitulatorio opera tanto en la conciencia humana como en la anatomía. En cada uno de nosotros está el mapa completo de nuestra conciencia sin desarrollar, a lo largo de los siglos, recapitulada emocional y conductistamente durante nuestro desarrollo, desde la infancia y la niñez, a través de la adolescencia, hasta la edad adulta.

Un ejemplo es la etapa durante la cual gran parte de las actividades lúdicas de los niños varones involucra el uso de armas (espadas, pistolas, etcétera) y fingidas batallas a muerte. Los niños que no tienen pistolas de juguete utilizan palos o cualquier objeto disponible para representar un arma. Con frecuencia los padres, deseosos de inculcarles valores no violentos, tratan de reprimir lo que es, en realidad, la saludable expresión de una etapa normal de desarrollo, que recapitula la evolución de la valentía física en la especie humana. Los padres pacifistas cuyos hijos disfrutan de juegos violentos pueden consolarse pensando que hasta el más altruista de los hombres pasa por ese estadio natural de la niñez.

Pero no todos los niños superan esta etapa violenta, así como no todos los individuos maduran hasta ser capaces de expresar los mayores logros de la humanidad. Esa capacidad depende de diversos factores: la propia etapa individual de evolución de la conciencia, alcanzada por la suma de vidas completadas; las fuerzas y limitaciones de los actuales cuerpos físico, astral-emotivo y mental, y factores determinantes del ambiente actual elegido, incluida la familia, el grupo social y la cultura en general. Obviamente, cada uno de estos factores puede servir para alentar o inhibir la plena expresión de lo que el individuo ha alcanzado por cuenta del alma.

En un raro ejemplo de esto, cierta pareja pidió a una psíquica amiga mía que efectuara una lectura de su hija retardada. He aquí parte de su interpretación.

Entro en meditación, me fundo con esa criatura y quedo atónita al experimentar el estado feliz y apacible en que vive. Noto una inteligencia profunda y abnegada en contacto con esa niña: alguien que ha cargado, vida tras vida, la pesada responsabilidad de impartir enseñanzas difíciles a fin de elevar la conciencia de otros. En esta vida el alma le ha permitido ser atendida y no hacer casi nada, aparte de existir alegremente, dejando que otros carguen con las responsabilidades. No se trata de que en esta vida se haya desentendido del deber, sino que efectúa una exploración diferente de la experiencia del plano físico y un enfoque alternativo de la tarea del alma. Pues, si bien la niña no está realizando nada notable en el plano exterior, aún tiene mucho del maestro; sirve como potente catalizador para elevar la conciencia de los padres que la adoran.

Los niños como ella no son quienes son, ni lo que son en respuesta a su propio karma; sino, más bien, como consecuencia del karma de sus padres. Aunque ellos pasan la existencia más o menos en el limbo, su presencia tiene un efecto muy potente en las personas estrechamente relacionadas con ellos y hace emerger del fondo cualidades asombrosas.

Cuando mi amiga entregó esta lectura a los padres, ellos exclamaron que la dulce presencia de la hija les había enseñado muchas cosas que, de otro modo, no habrían descubierto. Sin duda, no todos los niños de ese tipo son tomados como una bendición por los responsables de su bienestar. Con frecuencia ocurre lo contrario. Pero cada uno es siempre un catalizador para provocar algún grado de transformación, como la niña del caso arriba citado.

Aspecto exterior *versus* desarrollo interior

Toda encarnación nos presenta desafíos en mayor o menor grado, siempre al servicio de la transformación. Este proceso transformativo se lleva a cabo constantemente, pero está disimulado en los detalles diarios de la vida. Como hemos visto, queda aún más oscurecido por el hecho de que no todos avanzamos en la misma dirección al mismo tiempo. A veces, aunque las condiciones exteriores puedan ser similares, las personas pueden estar a milenios de distancia en cuanto a desarrollo. Imaginemos, por ejemplo, a tres hombres encarcelados en la misma prisión, condenados por sus delitos.

El primero, un joven de veintidós años, asaltó con dos amigos a un hombre que salía ebrio de un bar; le robaron y lo dejaron inconsciente. Alcoholismo, drogadicción y violencia eran parte de su vida familiar y del vecindario donde creció. Su bajo control de impulsos, su falta de juicio y su capacidad de violencia temeraria pueden ser atribuidos a esa niñez caótica y a la probabilidad de que esté en un punto temprano del Camino hacia Fuera.

El segundo preso, de treinta y cinco años, instruido y ex vicepresidente de una gran firma inversora, fue condenado por una estafa complejamente planeada y llevada a cabo con destreza, con la que escamoteó millones de dólares a desprevenidos inversores. Este delito no fue perpetrado por impulso ni por necesidad, sino como ejercicio de poder, de los que atraen a quienes se acercan al Punto de Integración.

El tercer prisionero cometió un asalto a mano armada bajo la influencia del alcohol. También él era joven y provenía de un ambiente empobrecido, caótico y violento. Dos de sus hermanos estaban en la cárcel y otro había muerto de forma violenta.

Años después de cumplidas las sentencias, el tercer hombre vuelve a la misma prisión, como sobrio miembro de Alcohólicos Anónimos, para extender los servicios de la agrupación a hospitales y cárceles. En apariencia vive bien; tiene empleo seguro como capataz de obra y planea casarse con su novia. Además, está encargado de llevar el mensaje a otros alcohólicos encarcelados. Su propia experiencia como interno le brinda credibilidad entre los otros condenados que participan de sus reuniones. Su dedicación al servicio de estos hombres es característica de quien está en el Camino de Retorno. Sin duda, su delito y su encarcelamiento son una recapitulación de una fase inconclusa anterior en el desarrollo de su alma, mientras que su zona de servicio (entre los alcohólicos encarcelados) viene a remediar esos actos de una vida previa.

Este ejemplo, excesivamente simplificado, está destinado a demostrar que no es fácil discernir el punto de una persona en el Camino, a partir de las circunstancias de su nacimiento y su educación o por etiquetas tales como «delincuente convicto». En todos los ambientes de la vida y en todas las esferas sociales existen personas que se encuentran en distintas etapas de evolución. Más aún: como el tercero de nuestros convictos imaginarios, pueden estar recapitulando una fase muy anterior de su desarrollo, a fin de brindar más adelante una mayor conciencia y la posibilidad de remediar ese reino de experiencia en especial.

Encontrando tu lugar en el Camino

Es natural que, habiendo leído todo lo anterior, te preguntes en qué punto del Camino estás. ¿Te encuentras en el Camino hacia Fuera, perfeccionando la identificación y el dominio de tu cuerpo físico, desarrollando el coraje físico y un sentido del yo? ¿Estás llegando al Punto de Integración, ansioso de probar tus poderes de líder para mandar, controlar, influir sobre personas y acontecimientos? ¿O estás en el Camino de Retorno, tratando de conocer y remediar tu karma no resuelto, mediante la comprensión y el servicio?

Puesto que te atrajo el material contenido en este libro, indudablemente estás en el Punto de Integración o muy cerca de él, o quizá comienzas ya a salir de ese punto hacia el Camino de Retorno. En una fase anterior de tu evolución de conciencia, estos temas te habrían despertado poco o ningún interés. En un punto posterior del Camino de Retorno el material también resulta poco relevante, pues ya habrías progresado hacia temas más universales y menos personales.

Si estás leyendo este libro, es probable que estés en el punto donde el héroe cambia de rumbo. Pero recuerda que esa coyuntura crítica, dada la enorme escala de tu viaje, se extiende a lo largo de varias vidas. Esto me recuerda lo que me dijo un hombre que había pasado muchos años como piloto de un buque cisterna.

—Primero descubres que, por algún motivo, vas hacia una dificultad. Quizá te has desviado del curso. Quizás adelante hay algo que no debería estar allí y es preciso evitarlo. De modo que aminoras la marcha. Una vez que las hélices han dejado de girar, inviertes su dirección para detener el avance del barco. Aumentas cada vez más la potencia de esas hélices invertidas, pero aun así el barco sigue avanzando en la misma dirección por bastante tiempo. Cuando se maneja tanto peso, masa e impulso, se tarda un poco en detectar señales exteriores de que uno va a poder cambiar el curso.

Quizá nuestras vidas, en el punto de giro, se parecen un poco a ese inmenso buque en manos de su capitán. Según todas las señales exteriores, el mismo impulso del viaje nos lleva cada vez más lejos de la costa. Sin embargo, la Inteligencia que nos guía ya ha puesto en movimiento las fuerzas que detendrán nuestra marcha y nos harán girar para llevarnos de nuevo hacia el hogar.

Reunión con la Fuente	• Vehículo físico refinado • Identificación con Mente Superior/Alma • Exploración de reinos espirituales/búsqueda de la verdad • Desarrollo de la conciencia grupal • Acción iniciada después de meditar y deliberar
Elevación sobre la materia física	• Karma superado mediante remedio y servicio • El alma obra por inspiración del Yo Superior • Conciencia altruista: «Está mal si perjudica a la humanidad» • Afinación psíquica más elevada a través del centro ajna (entre las cejas) • Compasión universal ← ← ← • Motivado por el deseo de servir ← ← ← ← ←

expansión — expansión • experiencia

Prueba: valentía espiritual

Alma vieja

Camino de Retorno

Camino hacia Fuera

Alma joven

Prueba: valentía física

expansión — expansión • experiencia

Separación de la Fuente	→ → → • Vehículo físico tosco → → → → → → • Identificación con cuerpo físico/personalidad • Exploración de límites físicos/búsqueda de sensaciones • Desarrollo de capacidades físicas • Escaso control de impulsos
Descenso a la materia física	• Karma generado por actos físicos • Dirigido por otros (buen soldado, miembro de equipo, seguidor) • Conciencia primitiva: «Está mal si me descubren» • Afinamiento psíquico inferior (basado en plexo solar) • Compasión incipiente • Motivado por el deseo de gratificación física

EL CAMINO DE LA CONCIENCIA EN EVOLUCIÓN

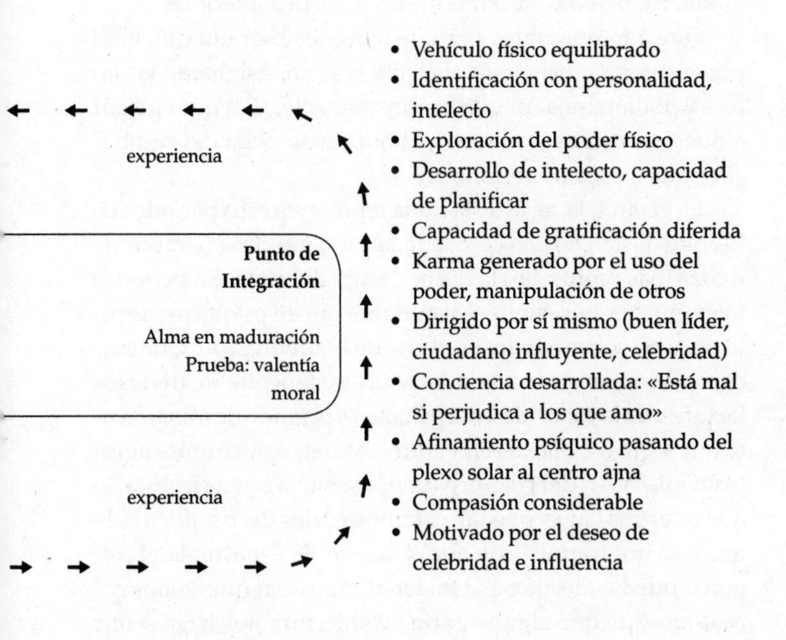

• Vehículo físico equilibrado
• Identificación con personalidad, intelecto
• Exploración del poder físico
• Desarrollo de intelecto, capacidad de planificar
• Capacidad de gratificación diferida
• Karma generado por el uso del poder, manipulación de otros
• Dirigido por sí mismo (buen líder, ciudadano influyente, celebridad)
• Conciencia desarrollada: «Está mal si perjudica a los que amo»
• Afinamiento psíquico pasando del plexo solar al centro ajna
• Compasión considerable
• Motivado por el deseo de celebridad e influencia
experiencia
Punto de Integración
Alma en maduración
Prueba: valentía moral
experiencia

La finalidad de la incertidumbre

Mientras estamos encarnados, uno de los grandes desafíos es no saber adónde vamos, mucho menos si llegaremos o no. En este punto de coyuntura crítica en el que somos más introspectivos y más sensibles a los sufrimientos propios y ajenos, debemos luchar constantemente, no sólo con esas difíciles condiciones exteriores a las que nos enfrentamos, sino también con todas nuestras dudas y miedos interiores.

Quizá te preguntes por qué todo debe ser tan difícil. El proceso sería mucho más eficiente si se nos asignaran las tareas y pudiéramos cumplirlas directamente. ¿Por qué agregar a nuestras cargas el misterio, la búsqueda ciega del rumbo? ¿Por qué no se nos permite saber?

En el tarot, la carta de la Luna representa esos períodos en los que hasta Dios nos esconde la cara: nuestros tiempos de dudas más profundas, la noche oscura del alma. En períodos tales muchos buscamos el asesoramiento de psíquicos, astrólogos y personas hábiles en el arte de la adivinación. Que esas consultas sean o no acertadas y útiles depende de diversos factores: de la capacidad del psíquico y el grado de afinamiento que logre ese día; del entendimiento energético entre nuestros Guías y los del psíquico (porque en una buena lectura, lo que nuestros Guías puedan comunicar a los del psíquico es lo que éste nos traduce); de que el desarrollo espiritual del psíquico pueda adecuarse al material espiritual que se nos comunique; de que alguna parte de la lectura nos haga sentir amenazados al punto de distorsionarla o ignorarla, y por fin, de que sea o no el momento adecuado para que sepamos más, para reconfortarnos con la promesa de mejores cosas por venir, o de que debamos continuar en la oscuridad por algún tiempo más.

A los treinta y cinco años, mientras atravesaba el período más sombrío de mi vida adulta, visité por primera vez a una psíquica, que leía el tarot con asombrosa exactitud. ¡Algunas de sus predicciones comenzaron a cumplirse casi en cuanto salí de su oficina! Durante muchos meses escuché todas las mañanas la cinta grabada de nuestra sesión, mientras me preparaba para el trabajo, pues su promesa de que las cosas mejorarían me ayudaba a resistir, en tanto la rueda de la Fortuna giraba lentamente hacia una posición más benéfica.

A los cuarenta y dos años, cuando volví a encontrarme sin rumbo, tras abandonar casi todas las metas que había perseguido y alcanzado, busqué nuevamente la ayuda de los psíquicos. Pero por entonces nadie podía hacerme una lectura exacta. En mi desesperación, aprendí sola astrología, quiromancia y tarot, con la esperanza de desentrañar el misterio que estaba viviendo. Estas herramientas me ayudaron a pensar simbólicamente, afilar la intuición y comprender con más profundidad a mis hijos y a todas mis relaciones importantes, en un grado que mi conocimiento de la psicología no había hecho posible. Aprendí tanto que, con el correr del tiempo, cambió toda mi visión de la vida. No obstante, las respuestas que buscaba sobre mi propia situación continuaban eludiéndome.

Ahora veo con claridad por qué todas las puertas debían permanecer cerradas para mí durante todos esos años. Sólo de ese modo podía mi desesperación motivar mi búsqueda de comprensión, mientras el tiempo atemperaba mi impaciencia y mi obstinación.

Está claro, también, por qué ninguno de los psíquicos a los que consulté pudo hacer mucho para aliviarme ese dificultoso pasaje. De hacerlo, habrían obstaculizado el proceso necesario, más o menos como quien arranca las zanahorias para ver cómo crecen.

Cuando buscamos una comprensión más clara de los planes que nuestra alma tiene para nuestra encarnación actual, cuando queremos entender mejor y colaborar con la voluntad de Dios, estamos ejerciendo la única razón valedera para estudiar las ciencias ocultas o para consultar con quienes lo hacen. Pero cuando tratamos de usar dones psíquicos y poderes ocultos, propios o ajenos, para permitirnos un capricho, estamos usando magia negra y nos arriesgamos a postergar nuestra iluminación, en vez de facilitarla. Y debemos recordar, por supuesto, que la habilidad y la ética de los psíquicos varía mucho, como entre los miembros de cualquier otra profesión. En este aspecto de la vida, como en todos los demás, debemos utilizar el discernimiento cuando consultemos a alguien sobre nuestro destino y el futuro. Pero también debemos reconocer que hay momentos en los que nadie, por muy bien dotado que esté, puede ayudarnos a ver lo venidero, pues hacen falta las esperanzas y los miedos que operan sobre nosotros, y profundizan nuestro carácter y maduran nuestra conciencia.

Imagina por un momento que eres un joven de diecisiete años y que has dedicado mucho tiempo a desarrollar tu capacidad atlética. En este momento estás en el campo de fútbol, jugando contra vuestro rival de la zona. Es el primer juego de la temporada y las gradas están colmadas. Allí están tus padres. Y tu novia. Te han dicho que hay un par de representantes en busca de figuras nuevas; tu entrenador ha sugerido que, si esta noche juegas bien, podrías obtener una beca.

Los equipos están en pie de igualdad y a veces el juego se torna rudo, pero tu voluntad de ganar es abrasadora; se centra como un rayo láser. Nunca has deseado algo con tanta fuerza como deseas ganar esta noche.

Ahora, mientras te imaginas en esa situación, agrega un elemento más: que ya conoces el resultado del partido.

Eso lo cambia todo, ¿verdad?

Si eliminas la ansiedad causada por no conocer el resultado del partido, también desaparece toda tu motivación. Pagamos un precio muy alto en el aspecto emocional al no saber si una situación dada terminará como deseamos o como tememos. Pero saberlo por anticipado también cuesta un precio: el allanamiento de nuestras emociones, puesto que la euforia de la esperanza, la expectativa y el fuerte impulso del deseo pierden su importancia. Cuando ya sabemos el resultado de cualquier situación desafiante, ya nada nos espolea para esforzarnos y crecer. En realidad, eso ya no puede considerarse un desafío. Es, simplemente, un hecho más a vivir.

Ahora imagina que, además de conocer el resultado de la partida, también sabes si obtendrás la beca y cómo será tu vida en adelante, en todo detalle, incluyendo las circunstancias de tu muerte. Toda tu vida es como un libro ya leído. Así no habrá golpes desagradables, pero tampoco sorpresas felices: sólo un despliegue de hechos en secuencia, a lo largo de los años...

¿Percibes el peso de ese conocimiento? ¿Ves de qué modo privaría de efervescencia a todas las ocasiones gozosas el saber, por anticipado, que tras ese paso centelleante te tocaría hollar la siguiente desgracia?

No: debemos avanzar por la vida a ciegas o no avanzar en absoluto, porque si supiéramos nos resistiríamos. Trataríamos de esquivar los episodios penosos, evitar las relaciones difíciles, prevenir las catástrofes. Y eso equivaldría a esquivar, evitar y prevenir nuestra propia evolución, provocada justamente por esas experiencias y los cambios que deberíamos asumir para darles cabida.

Todo héroe lo es porque se enfrenta con valor a lo desconocido hasta que, después de grandes esfuerzos, acaba por prevalecer. A veces tiene una espada mágica o un corcel fabuloso que le prestan una ayuda adicional en su batalla contra ogros y dragones. Nosotros también podemos utilizar todas las herramientas útiles que hallemos para ganar fuerzas: la plegaria y la meditación, una disciplina espiritual, literatura inspiradora, el apoyo de un grupo de pares que estén lidiando con problemas parecidos a los nuestros.

Y podemos recordar que, en todas nuestras luchas con la vida, en todas nuestras batallas con las dudas y el miedo, aun cuando creemos estar fracasando, cada intento de hallar el camino nos hace crecer espiritualmente y prueba nuestro heroísmo.

8

¿Cómo puedo ayudar a mi propia curación y a la de otros?

Tal vez conozcas la historia de cierto granjero, habitante de un caserío alejado, cuya vaca desapareció de la dehesa. Al iniciar la búsqueda se encontró con su vecino, quien le preguntó adónde iba. Al enterarse de que el granjero había perdido la vaca, el vecino meneó la cabeza y comentó:

—¡Qué mala suerte!

—Buena suerte, mala suerte, ¿quién sabe? —replicó el granjero y continuó su camino.

En las colinas, más allá de las tierras cultivadas, halló a su vaca pastando junto a un hermoso caballo; cuando condujo a la vaca hacia su casa, el caballo la siguió.

A la mañana siguiente el vecino vino a preguntar por la vaca. Al verla pastar junto a un hermoso caballo, preguntó al granjero qué había ocurrido y, al enterarse de que el caballo había seguido a la vaca hacia la casa, exclamó:

—¡Qué buena suerte!

—Buena suerte, mala suerte, ¿quién sabe? —replicó el granjero. Y continuó con sus tareas.

Al día siguiente llegó su hijo, a quien el ejército había dado licencia. Inmediatamente trató de montar al hermoso caballo, pero fue arrojado a tierra y se fracturó una pierna. Cuando el vecino pasó rumbo al mercado, vio al joven sentado en el porche, con la pierna entablillada y vendada, mientras el padre trabajaba en la huerta. Entonces preguntó qué había ocurrido y, al enterarse, meneó la cabeza, diciendo:

—¡Qué mala suerte!

—Buena suerte, mala suerte, ¿quién sabe? —replicó el granjero, sin dejar el azadón.

Al día siguiente apareció el pelotón del muchacho, marchando por la ruta. De la noche a la mañana había estallado una guerra y era preciso presentar batalla. Como el hijo no pudo incorporarse a la unidad, el vecino, asomado por encima de la cerca, comentó que el granjero no corría así peligro de perder a su hijo en la guerra.

—¡Qué buena suerte! —exclamó.

—Buena suerte, mala suerte, ¿quién sabe? —replicó el granjero. Y siguió arando.

Esa noche el granjero y su hijo se sentaron a cenar; después de algunos bocados, el hijo se ahogó con un hueso de pollo y murió. En el funeral, el vecino puso una mano en el hombro del granjero y dijo con tristeza:

—¡Qué mala suerte!

—Buena suerte, mala suerte, ¿quién sabe? —replicó el granjero. Y depositó una brazada de flores junto al ataúd.

Esa misma semana el vecino pasó para informar al granjero de que todo el pelotón de su hijo había sido masacrado.

—Cuando menos tu hijo murió estando contigo. Qué buena suerte —comentó el vecino.

—Buena suerte, mala suerte, ¿quién sabe? —replicó el granjero.

Y partió hacia el mercado.

Y así sucesivamente.

Casi todos somos como el vecino de este pequeño cuento. Reaccionamos y opinamos según lo que ocurre en un momento dado de la historia en desarrollo. Un hecho aislado, ¿es una bendición o una desgracia? Dejamos que lo decidan nuestras emociones. Pero si pudiéramos, de algún modo, liberarnos mágicamente de las emociones (sobre todo del miedo, cuando nos acosa la adversidad) no la llamaríamos adversidad, sino «cambio», porque eso es lo que todo acontecimiento o situación imprevisto exige de nosotros: que cambiemos hasta cierto punto.

La adversidad definida como miedo al cambio

Los dos conceptos, adversidad y cambio, están tan inextricablemente ligados que tendemos a medir la gravedad de una dificultad dada por el grado de cambio que exige. Nos definimos según las situaciones y circunstancias que experimentamos a diario y nos resistimos a toda alteración, por el miedo muy básico a perder nuestra identidad. ¿Quién seremos si ya no podemos hacer lo que estamos habituados a hacer de la manera acostumbrada? ¿Podremos arreglarnos, enfrentar el desafío? Sabemos por instinto que el exceso de cambio y de tensión, por sobre nuestra capacidad de adaptación, debilita nuestra salud, tanto física como mental. Nos desvitaliza.

Sin embargo el cambio es necesario para la vida; en verdad, es la esencia misma de la vitalidad. Cuando está bloqueado se produce una disminución en el flujo de la energía vital, que provoca la torpeza del estancamiento o la rigidez petrificada de la cristalización. La adversidad, que nos obliga a cambiar, nos incita, nos arranca de los hábitos viejos, nos estira y exige que despertemos y desarrollemos las partes no utilizadas. Nos revitaliza.

Por lo tanto, ¿qué es? ¿Revitalizante o desvitalizante? ¿Da energías o debilita? El cambio puede ser cualquiera de las dos cosas. Y puede ser ambas cosas a la vez.

En el tarot existe una carta llamada la Torre, que representa la súbita fuerza explosiva de la catástrofe. Representa una torre partida en dos por un gran rayo y dos indefensas siluetas humanas que caen de cabeza hacia la tierra. Obviamente, esta carta representa una súbita calamidad, el desastre, una emergencia: todas las eventualidades que más tememos. Nadie se alegra cuando aparece la Torre en un abanico de tarot. Pero la Torre suele ser necesaria, pues también indica la ruptura de las situaciones difíciles, el fin del estancamiento, un hecho súbito que libera la energía congelada. Cualquier emergencia pide y hasta exige de nosotros las cualidades y habilidades humanas más elevadas y heroicas. Requiere que emerja lo mejor. Quienes se han enfrentado a la necesidad de acción en una emergencia suelen decir que, en esa ocasión, se sintieron más vivos que nunca, más en contacto con el poder innato, más conectados con la totalidad de la vida. Se vieron arrebatados por encima de su identidad cotidiana, esa misma identidad a la que, normalmente, nos adherimos con tenacidad. Frente a un gran peligro se deja caer la eterna fachada, se abandona la cautela y, de inmediato, emergen desconocidas habilidades para el liderazgo y la acción decisiva, en un heroico momento de integración, honestidad y verdad. Cuando el cine o el teatro representan bien estas ocasiones, nos sentimos impulsados a aplaudir o a llorar, porque reconocemos que el personaje involucrado queda alterado para siempre, inefable y misteriosamente expandido, más fiel a sí mismo que nunca.

Los grandes acontecimientos que provocan cambios en la vida rara vez duran un momento, pero aunque sean breves y cataclismáticos, sus efectos se prolongan durante semanas, meses, años, décadas. Y a diferencia del estoico granjero del cuento, uno cambia, se adapta, altera su definición de uno mismo.

Cambio catastrófico y curación

En una encarnación dada podemos encontrarnos a punto de curar una condición que ha existido por muchas vidas. Como lo demuestra el relato siguiente, las experiencias traumáticas y los cambios catastróficos pueden proporcionar el catalizador necesario para una curación profunda.

Barbara, que tiene alrededor de treinta y cinco años, irradia una serena fuerza, pese a su marcada cojera y su brazo marchito. Suaves líneas de risa le rodean los ojos, junto con otras grabadas por los constantes dolores físicos que soporta. Y hay también líneas más sutiles, que insinúan un conocimiento personal del rayo que hace volar la Torre. He aquí la historia de Barbara, en sus propias palabras:

> Mi hermana Paige y yo no nos parecemos en nada, pero como apenas hay entre nosotros siete meses de diferencia, cuando éramos pequeñas la gente preguntaba siempre si éramos mellizas. Yo solía hacer una mueca de dolor cada vez que oía la respuesta de mis padres: «Bueno, es que Barbara es adoptada.» Pero fue peor aún cuando tuve edad suficiente para responder por mí misma. Al decir: «Es que soy adoptada», me sentía como si hubiera nacido en la luna, sobre todo cuando el que preguntaba observaba a mis padres y mi hermana, rubios y de ojos azules, y los comparaba con mis ojos de avellana, mi piel olivácea y mi pelo castaño oscuro. «Ah, claro —decían siempre—. Eso lo explica todo.»
>
> A mi modo de ver, el hecho de que yo fuera adoptada explicaba muchas cosas, por cierto. Cuando Paige nació mis padres consiguieron, por fin, exactamente lo que deseaban. Y de algún modo yo fui el amuleto (eso también lo oí incontables veces) que permitió su nacimiento. También se me atribuía el nacimiento de Perry, nuestro hermanito menor, que llegó dos años después de Paige. Para decirlo de alguna manera, me sentía mezcla de pata de conejo, perro mestizo recogido de la calle y visitante del espacio exterior, pero nunca parte real de la familia.
>
> Muchas veces me he preguntado si ese acento constante en mi condición de adoptada, junto con mi aspecto tan diferente, tuvo algo que ver con lo que ocurrió entre el abue-

lo y yo. A partir del momento en que Paige y yo cumplimos los ocho años y Perry, los seis, dos veces por semana nuestro abuelo iba a buscarnos a la escuela y nos llevaba a tomar lecciones de equitación. Como yo era alérgica a los caballos, él dejaba a mis hermanos en el granero y me llevaba a su casa por un par de horas, hasta que llegaba el momento de ir por ellos y llevarnos a casa a los tres.

Mientras estaba en su casa jugábamos juntos. Como el abuelo era viudo, estábamos siempre solos. Los juegos se hicieron algo complicados y fueron cobrando gradualmente un carácter sexual, pero yo era demasiado pequeña para comprender de verdad lo que me hacía. Básicamente, fui vejada en cada una de esas tardes, a lo largo de casi tres años.

Descubrí que podía aplicar una triquiñuela. Podía abandonar el cuerpo y llevar mi conciencia a otro lado, mientras mi abuelo hacía lo suyo. Me iba al techo, salía por la ventana y, a veces, a lugares bastante ultraterrenos. Ahora comprendo que no tenía otro modo de protegerme. Aunque él hiciera esas cosas con mi cuerpo, en realidad no me las hacía a mí. Yo estaba en otro lugar.

Nunca pude decir a nadie lo que estaba pasando. Creo que no me sentía con derecho a ser protegida. Aquello sólo terminó cuando, ya en la escuela secundaria, me dediqué a los deportes después de clases y comencé a volver a casa en autobús. Coincidentemente, mi abuelo tomó por costumbre dedicar la tarde a jugar a las cartas y le dijo a mamá que ya no podía llevar y traer a Paige y a Perry.

De cualquier manera, como casi todos los que han pasado por algo similar, puse todos esos recuerdos en un sitio hondo y oscuro, los tapé sin dejar huella y continué con mi vida, que no era muy fácil, por otros motivos. Aunque era buena alumna, en lo social no encontraba mi sitio. Vivíamos en una pequeña ciudad costera de California central, y en la década de 1950 aún quedaban allá muchas granjas y huertos. Los propietarios blancos empleaban a trabajadores mexicanos; las clases económicas y sociales se dividían, básicamente, por lo racial. Debido a mi familia adoptiva, yo era demasiado anglosajona y de clase media como para tratar con los hispanos; sin embargo, resultaba demasiado latina para armonizar bien con los amigos de mis hermanos, en su mayoría rubios de ojos azules. Me destacaba en el tenis. Eso me mantenía ocupada y me daba cierta identidad propia.

Por fin dejé el hogar para ir a la universidad. Una vez que me encontré sola comencé a trabajar para mantenerme y nunca más miré hacia atrás. Me diplomé en educación física y conseguí un estupendo empleo: enseñaba tenis en una escuela secundaria. El trabajo me gustaba mucho, quizá porque sólo como atleta me sentía persona de verdad.

Pero toda esa vida llegó a su fin en un lluvioso atardecer de domingo. Volvía en coche a mi casa, con mis provisiones, cuando otro coche me golpeó de costado, a setenta kilómetros por hora.

Cuando la ambulancia llegó al hospital yo estaba prácticamente muerta. Más adelante los médicos me dijeron que me creyeron perdida. Pasé algunos minutos sin signos vitales, pero ellos no cejaron y, por fin, reaccioné.

O tal vez sería más correcto decir que regresé, porque sin duda había estado en un sitio muy diferente.

Pasé mucho tiempo en el hospital; una interna, que se interesaba por las experiencias de cuasi muerte, vino varias veces a hablar conmigo. Sabía que yo había estado clínicamente muerta por varios minutos y trataba de hacerme decir qué recordaba de ese momento. En realidad, yo lo recordaba todo, pero por mucho tiempo no estuve dispuesta a hablar de eso. Era algo demasiado especial, demasiado personal y grande para contárselo a alguien. El mero intento de expresarlo en palabras lo desvirtuaba, de algún modo, y yo quería retenerlo exactamente como había sido.

Aun hoy no hallo palabras adecuadas para describirlo con exactitud. Aunque lo intento, suena tan insípido... Primero oí un ruido atronador y me encontré recorriendo un túnel a toda velocidad, como atraída por una enorme aspiradora. Luego todo se abrió en una luz increíblemente bella, que no sólo estaba a mi alrededor sino también dentro de mí, impregnándome de calor y paz. Era muy suave, consoladora y curativa.

Me encontré en presencia de un Ser, en quien percibí la aceptación y el amor más completos que yo haya conocido; con él revisé todos los hechos previos de mi vida, que se desarrollaban como si estuviera viendo una película. Vi con tremenda claridad todos los detalles de mi vida y lo necesario que había sido todo, hasta las partes peores. Y luego ese Ser, que me conocía tan a fondo y me aceptaba por entero, me convenció con amor de que regresara aquí.

Toda la experiencia fue de una objetividad increíble. Sé que no parece concordar con nuestro modo habitual de ver el amor, pero eso era. Vi todo lo que me había pasado en la vida con un amor y una comprensión profundísimos.

Cuando volví a la vida en este cuerpo nada parecía muy importante, salvo traer conmigo, tanto como fuera posible, ese amor, esa luz, ese saber.

Decir que la experiencia me cambió la vida sería quedarme muy corta. Para empezar, mi carrera y mi identidad como atleta fueron borradas por completo en cuanto el otro coche chocó con el mío. No voy a demorarme en mi recuperación física. Fue larga, difícil y dolorosa. Pero tal vez todos esos meses de convalecencia me obligaron a mantenerme quieta durante el tiempo suficiente para apreciar lo que me había ocurrido, en un plano fuera de lo físico. Era como si mi antiguo yo, con toda su negatividad y sus miedos, la pena, la vergüenza, las amarguras y la autocompasión, recibieran una flamante perspectiva de su pasado. Y esta nueva perspectiva incluía un nivel de amor y comprensión que aniquilaba toda esa negatividad. No los recuerdos, pero sí los rencores relacionados con ellos, hasta curarlos. En realidad, todo lo que antes habría considerado trágico me parecía ahora perfecto. Sé que resulta increíble, pero es lo que ocurrió.

Esa interna del hospital me trajo un libro de Kenneth Ring, *Heading toward Omega*, que describe sus estudios de las experiencias de cuasi muerte. Me alegré de tenerlo. Me consolaba saber que no estaba loca, que esa experiencia, la más profunda de mi vida, no era imaginaria.

No mucho después de terminar mi rehabilitación, el doctor Ring vino a la ciudad para dar una conferencia. Fui a escucharlo, por supuesto. Él estaba haciendo nuevas investigaciones para determinar cuáles eran las personas, entre todas las que habían estado clínicamente muertas por un tiempo, que recordaban la experiencia. Al parecer, quienes la recuerdan suelen haber sufrido algún tipo de maltrato durante el crecimiento. Al escuchar al doctor Ring comprendí que la peor parte de mi niñez era la que me había posibilitado traer conmigo parte de la indescriptible paz y belleza de ese otro lugar. Los que fuimos maltratados aprendimos, por necesidad, a abandonar nuestro cuerpo a conciencia y regresar otra vez, como si estuviéramos practicando para poder recordar más adelante, después de nuestra experiencia de muerte clínica, cómo era el otro lado.

Hoy en día utilizo en mi nuevo trabajo lo que experimenté durante mi cuasi muerte. Soy asesora de un hospital y trabajo con enfermos terminales; cuando es adecuado comparto con ellos lo que sé del otro lado: el amor curativo que nos espera cuando llega el momento de abandonar el cuerpo físico. Soy parte de un equipo que educa a miembros de la profesión médica, a los enfermos terminales y a sus familiares, y a cualquier otra persona que se interese en el tema de la muerte y el morir.

A veces me preguntan si no estoy «malgastando la vida» por pasar tanto tiempo alrededor de la muerte. Muchos piensan que es deprimente. Pero a mí no me deprime en absoluto. Oh, suele ser muy difícil observar cómo lucha alguien para liberarse del cuerpo físico y llegar a ese otro lado. Pero cuando han hecho lo que vinieron a hacer, cuando han cumplido con su finalidad y quemado el karma que los retiene aquí, es más apropiado considerar la partida, no como una tragedia, sino como vacaciones escolares. Aunque esto suene descarado, así es como lo veo, desde mi experiencia.

Por eso, cuando les llega el momento de irse les hablo; a veces, estando despiertos; a veces cuando duermen, porque es más fácil. Les digo lo que vi, lo que sentí y aprendí al otro lado, lo que sé del cruce. Estoy muy segura de que eso los ayuda. Hoy creo que por eso tuve que volver, después de haberme ido. Creo que éste es el trabajo que me estaba destinado: ayudar a la gente a comprender que morir no es el fin de la vida. Es como graduarse.

Curación en el plano mental

Este relato ejemplifica muchos de los puntos delineados en este libro. Barbara eligió encarnar en una familia y un ambiente social en los que se sintiera fuera de lugar y sutilmente deficiente. La explotación sexual que soportó de su abuelo adoptivo acentuó su sensación de aislamiento e incrementó su defecto de carácter: la autocompasión. Barbara disimulaba su vulnerabilidad dentro de la personalidad disciplinada de la atleta responsable, papel que estructuraba cómodamente sus interacciones con el prójimo. En la edad adulta agregó, al papel de competidora, el de instructora. Sólo dentro de estos estrechos confines podía sentirse digna y a salvo.

La curación de Barbara, durante su experiencia de cuasi muerte, se produjo principalmente en el plano mental inferior de su campo de energía, el plano de los pensamientos teñidos de emoción y deseo. En este plano existen las visiones distorsionadas que uno tiene de quien es, así como la falta de sinceridad que tiene contra sí mismo y que lo aparta del alma. La autocompasión de Barbara y la imagen de víctima que de sí misma tenía eran sus principales distorsiones, generadas sin duda en otras encarnaciones, que atraían una y otra vez nuevos incidentes de victimación y combustible para la autocompasión, vida tras vida. La clave para curar estas distorsiones era su logro de la comprensión objetiva, producida por el contacto con su alma durante la muerte clínica.

La comprensión objetiva, el plano de pensamiento libre de emociones o deseos, es del nivel mental más elevado, aquel donde mora el alma. Es nuestra propia alma lo que encontramos al abandonar el cuerpo físico y experimentar el repaso postmortem. El contacto de Barbara con su alma curó sus creencias distorsionadas, provocando también una curación del campo emocional. Cualquier corrección en los planos elevados del campo energético humano promueve, mediante la inducción, las correspondientes correcciones en los planos inferiores del campo. Fue por orden de su alma que ella volvió al plano terrestre y continuó su obra aquí, en esta vida.

Y tal como supone su capacidad de abandonar el cuerpo, desarrollada a fin de soportar los repetidos vejámenes que sufría cuando niña, fue la clave para retener el recuerdo de su curación.

¿Qué habría pasado si Barbara se hubiera salvado de esos tempranos abusos sexuales? ¿Habría debido renunciar también al recuerdo consciente de la trascendente belleza de su muerte clínica, con toda su influencia transformadora?

Ante problemas de gran carga emocional como el abuso sexual, nos cuesta recordar que dentro de cada tragedia, de cada trauma y cada adversidad, habita la preciosa semilla de la curación no sólo para ese suceso o condición, sino la curación de muchas cosas que no podemos ver, ni siquiera intuir. Quizá no sea exagerado decir que salvar a Barbara de su horrible martirio infantil habría impedido su preciosa transfiguración en la edad adulta.

Entonces, ¿qué es curar?

La naturaleza de la curación

La verdadera curación ocurre en planos mucho más sutiles que el físico e involucra configuraciones energéticas que han persistido a lo largo de muchas vidas. Liberar el cuerpo emocional de las distorsiones y los engaños que hay en él ejerce un efecto sumamente beneficioso en el funcionamiento físico, pero la curación más profunda posible es la del cuerpo mental.

Todo lo que somos durante una encarnación emana de los planos mentales, pues en verdad «así como el hombre piensa, así es él». Según avanzamos en el Camino hacia Fuera, desde la inocencia a la madurez, nuestros traumas nos llevan a desarrollar creencias definidas sobre uno mismo y la naturaleza de la vida. Cuando empezamos a recorrer el Camino de Retorno, la vida se encamina hacia el desprendimiento de esas distorsiones. Imaginemos que el Yo Superior de Barbara, antes de esta vida, aceptó participar en una encarnación que presentara un poderoso desafío a sus arraigadas convicciones con respecto a su aislamiento y su victimación. Naturalmente, debía atraer una vez más, por el principio de resonancia morfogenética, a personas y hechos que concordaran con su sistema de creencias. Pero en esta oportunidad provocó el hecho catalítico y cataclísmico que hizo posible el gran progreso: pidió que se le entregara la carta de la Torre.

Recordemos lo que sufrió Barbara a fin de recordar su cuasi muerte y dejarse transformar por ella. En primer lugar, se atenuó el velo entre la conciencia en el estado físico y la conciencia en lo no físico, a medida que ella aprendía a abandonar el cuerpo durante los vejámenes. Luego recibió un daño tan grave que fue expulsada de su cuerpo físico. Por fin, aunque acabó por recobrarse, retuvo algunos de los efectos discapacitantes de su trauma físico. Ése fue el precio, aceptado antes de su encarnación actual, de la iluminación que alcanzó y la profunda curación a la que fue sometida.

Sugerencias para curarse a sí mismo

Incluso aquellos que estamos profundamente entregados a la evolución espiritual nos debatimos contra la adversidad. Necesitamos la ayuda de algunas sugerencias que nos recuerden cómo colaborar en el proceso de transformación. He aquí una lista de tales sugerencias.

- Busca siempre el don de toda adversidad
- No te permitas la autocompasión
- Nunca culpes a otros de tus problemas
- Cultiva una actitud agradecida
- No evalúes tu situación ni las ajenas
- Evita el sentimentalismo
- Reconoce que la enfermedad no es castigo
- Busca oportunidades para servir
- Aprende a considerar la muerte como una curación.

Ahora estudiemos más de cerca cada una de estas sugerencias.

BUSCA SIEMPRE EL DON DE TODA ADVERSIDAD

Todo problema es una tarea encomendada por tu alma. Por lo tanto, debes reconocer que hay un propósito en tu problema, tu herida, tu dolencia, tu incapacidad, tu enfermedad terminal; trata de alinearte con esa adversidad, es decir: busca lo que trata de enseñarte. Recuerda que, desde la perspectiva del alma, un cambio de conciencia tiene mucho más valor que una «cura». Por lo tanto, sigue el sabio consejo del rey Salomón: «Con todas tus ganancias, gana entendimiento.» Haz de ese entendimiento el objeto de tu búsqueda y ten fe en que serás recompensado.

Existe un delicioso cuento sobre dos niñitos, uno optimista, pesimista el segundo. Alguien lleva al pesimista a una habitación colmada de maravillosos juguetes de todo tipo, pero en cuanto está dentro el niño se sienta junto a la puerta, haciendo pucheros. Rato más tarde lo sacan de la habitación y le preguntan por qué se sentía tan desdichado.

—Estaba seguro de que, en cuanto eligiera un juguete que me gustara mucho, se me rompería —responde, angustiado.

Mientras tanto, el pequeño optimista ha sido llevado a una habitación llena de estiércol y allí está, cantando una canción de vaqueros, mientras excava alegremente. Cuando se lo invita a salir sacude la cabeza y continúa cavando.

—Estoy seguro de que, con tanto estiércol —anuncia, entusiasta—, ¡por aquí tiene que haber un poni!

Cree en el poni. Cree en el don escondido en toda la... bueno, tú me entiendes.

NO TE PERMITAS LA AUTOCOMPASIÓN

Puedes pensar que un poco de autocompasión es natural y permisible, con tanto como estás sufriendo. Sin embargo, es una indulgencia odiosa que se vuelve habitual con facilidad. Una vez que se instala, el hábito de la autocompasión actúa sobre nuestra conciencia como una droga a la que somos adictos, proporcionando una seductora excusa para permitirnos más... y permitirnos la autocompasión es, como consumir habitualmente drogas, una barrera muy efectiva contra el desarrollo espiritual.

Culpar a otros es, como la autocompasión, una práctica permisiva que nos impide hacernos responsables de nuestra propia vida. Ninguna parte de la ley espiritual establece que otra persona tenga la culpa de nuestros problemas, ni en esta vida ni en las anteriores. Si recordamos que todas nuestras dificultades, aun aquellas vinculadas con el prójimo, cumplen en nuestra evolución una finalidad importante, reconoceremos en nuestros enemigos a los agentes de la iluminación. No obstante, esto no significa que debamos disfrutar de todos nuestros tratos con estos agentes del karma.

Un sabio refrán antiguo nos aconseja:

Cuando te enfrentes a un enemigo
Alábalo,
Bendícelo,
Déjalo ir.

Bendecir a nuestros enemigos, desearles todo el bien que desearíamos para nosotros mismos, es un modo excelente de alcanzar la propia liberación.

En cierta ocasión tuve que trabajar en un centro asistencial con otro terapeuta que me acosaba constantemente, y me despreciaba y socavaba mi obra con nuestros pacientes. Debido a sus maniobras aprendí a ser más directa y empecinada, por lo cual trataba de estar agradecida, pero esa constante lucha con él me desgastaba. Comencé a afirmar en silencio: «Este hombre va a obtener su bien más elevado, cualquiera que sea.» Un día, luego de haber estado repitiendo esta afirmación por algunas semanas, él anunció súbitamente que se iba, pues le habían ofrecido un cargo mucho mejor.

Tales afirmaciones, hechas con tanto amor como sea posible, ponen en movimiento el mandato bíblico: «No has de resistir al mal, sino superarlo con el bien.»

La verdad superior oculta tras nuestras dificultades con

otros es que, en realidad, estamos aquí para ayudarnos mutuamente a avanzar por el Camino. Sin negar que los problemas existen, podemos atemperar mucho las dificultades interpersonales enviando bendiciones.

CULTIVA UNA ACTITUD AGRADECIDA

A veces, cuando las cosas están muy mal, una revisión de nuestras bendiciones puede servir de excelente antídoto contra la depresión insidiosa y la autocompasión. Cuanto más nos concentramos en nuestras bendiciones, más liviana se nos hace la carta. Y si también podemos apreciar los progresos que ya hemos hecho (las lecciones aprendidas y la comprensión que hemos logrado al enfrentar los desafíos previos) esto nos ayuda a tener fe en que nuestras dificultades actuales también rendirán su fruto, a su debido tiempo.

Esta «actitud agradecida» no es, simplemente, un intento de restar importancia o negar una adversidad muy real, al estilo de Pollyanna. Más bien, es una disciplina espiritual que consiste en apartar el foco de la conciencia de los aspectos negativos de nuestra situación y elevarlo hacia los positivos. Al apartar los pensamientos de lo negativo, con suave firmeza, lo positivo se convierte en una parte mayor de la realidad experimentada.

Un paciente drogadicto en recuperación me dijo en cierta ocasión: «¡La actitud es la mejor de todas las drogas!» Estoy de acuerdo. Y ya que podemos elegir cuál será nuestra actitud, ¿por qué no elegir una que nos eleve en vez de aplastarnos?

NO EVALÚES TU SITUACIÓN NI LAS AJENAS

Es virtualmente imposible, durante una encarnación, evaluar en qué parte del Camino estás; tampoco suele ser posible, antes de completar la misión kármica, identificar siquiera qué se ha estado aprendiendo. Aunque es importante buscar la comprensión abriéndose a ella, una actitud crítica con respecto al propio avance es a un tiempo inadecuada y perjudicial. Confía en que, cualesquiera que sean las condiciones exteriores de tu vida, estás avanzando.

Evita las comparaciones con otros. En el programa de salud mental llamado Recovery, Incorporated, se dice: «Las comparaciones son odiosas.» Cuando evaluamos nuestra situación frente a la de otro, estamos siempre comparando lo incomparable, pues no nos es posible ver con claridad todo el cuadro propio, mucho menos el ajeno.

Respeta los temas que conciernen a tu familia y a tu grupo, así como la parte que cada uno de vosotros desempeña, sin olvidar que en este plano se necesita del contraste para aprender. A veces ese contraste se produce por medio del conflicto y, por lo tanto, alguien debe proporcionarlo.

Otorga al viaje de cada uno la dignidad que merece y recuerda hacer lo mismo con el tuyo. Esotéricamente, los que encarnamos en la Tierra recibimos el nombre de «Señores de la Incesante Devoción», apelativo que reconoce el valor y la resistencia requeridos para recorrer el camino aquí, en el plano terrestre. Confía en que, por el solo hecho de estar aquí, todos somos nobles.

EVITA EL SENTIMENTALISMO

Según evolucionamos espiritualmente, aprendemos a disciplinar nuestras emociones, cultivar el desapego y ampliar nuestra perspectiva más allá de lo que es obvio, inmediato y personal. El sentimentalismo es una emotividad no esclarecida; dificulta este tipo de evolución y nos atrapa en las reacciones estereotipadas de nuestra cultura ante diversos acontecimientos. Ganar la lotería, por ejemplo. La actitud sentimental es que un sueño se hace realidad, prometiendo felicidad y libertad sin límites. Pero con la mayor libertad conferida por esos millones instantáneos viene una mayor responsabilidad por cada elección, cada acto. El ganador pierde de pronto todas las excusas financieras para no vivir feliz y satisfecho. La dulce esperanza de ser feliz algún día queda reemplazada por la exigencia de ser ahora mismo dichoso hasta el delirio. La proporción de ganadores que sufren colapsos nerviosos o cometen suicidio indica que, pese a la creencia popular, la riqueza instantánea dista de ser una garantía de felicidad.

Si logras entender que la súbita oportunidad de tener todas las cosas materiales que deseaste siempre es una prueba espiritual tan grande como la de perder todo lo que has amado, sin duda tu punto de vista está evolucionando.

RECONOCE QUE LA ENFERMEDAD NO ES CASTIGO

La enfermedad no es prueba de que tengamos defectos; tampoco indica que no estamos pensando de manera suficientemente positiva. Aunque a veces los problemas físicos indican que una zona emocional de la vida requiere nuestra atención, no siempre es así, en absoluto. A veces padecemos físicamente porque, de alguna manera misteriosa, estamos cumpliendo con el karma. Según los escritos de Edgar Cayce, muchos entre quienes lo consultaban tenían estados físicos que parecían caer en esa categoría: enfermedades o defectos físicos que les habían sido destinados para esa vida en especial, elegidos por el Yo Superior para disminuir el karma generado en una vida anterior.

Algunas enfermedades son, simplemente, resultado de estar en manifestación física. Literalmente, estamos hechos de material reciclado, y en el plano terrestre hay mucha energía contaminada. El Tibetano, que dictó los múltiples volúmenes escritos por Alice Bailey, afirma que la finalidad de todo sufrimiento es limpiarnos y purificarnos. Por lo tanto, cualquiera que sea la causa primordial de nuestra dolencia (problemas personales a los que no prestamos atención, deudas kármicas a pagar o contaminaciones planetarias que llevamos en nuestro vehículo físico), en cierta forma nos elevamos al soportar cualquier enfermedad que padezcamos.

BUSCA OPORTUNIDADES PARA SERVIR

Varios de los relatos de este libro se refieren a personas que, tras haber sufrido, se dedicaron a ayudar a otros que padecían de modo similar. Ese compromiso suele ser resultado de una mayor conciencia. Pero no todos podemos servir al prójimo con asesoramiento, terapia, asistencia social, etcétera; tampoco debemos hacerlo. Hay muchas otras maneras de servir. Una de ellas es, simplemente, continuar con las actividades que realizamos normalmente, pero llevarlas a cabo con una conciencia más altamente desarrollada. El mundo necesita mucho de gente esclarecida en todas las esferas de la vida.

Hay personas que, debido a enfermedades, invalidez u otros factores, no pueden participar activamente en el mundo exterior. Si estás en esa situación, aun así puedes ofrecer el más elevado de todos los servicios. Thomas Merton sostiene que ese necesario punto quieto del centro de la rueda es el foco del mundo, donde se puede encontrar a Dios. Si tu estado te obliga a permanecer inmóvil, centra tu conciencia en Dios, sea como fuere para ti, y ríndete a eso. Conviértete en el punto concentrado de la conciencia en el centro de la actividad.

No hay nada más efectivo para causar un mayor bien en el mundo que el pensamiento puro, no contaminado por el deseo. Al dedicarte a alcanzar el contacto consciente con tu Poder superior, te conviertes en un canal para esas energías superiores que elevan, inspiran y nos guían a todos. Como una torre solitaria en la cumbre de una montaña, que irradiara un mensaje de amor y esperanza, en tu soledad y en tu silencio llevas a cabo una obra espiritual de enorme importancia en beneficio de todos nosotros, los que nos afanamos en el mundo exterior.

APRENDE A CONSIDERAR LA MUERTE COMO UNA CURACIÓN

La muerte es el punto en el que se cosecha todo lo que se ha ganado en determinada vida. Con frecuencia, quienes consultan a los astrólogos suponen que el ser amado, al morir, estaba bajo aspectos difíciles. No suele ser así. Con más frecuencia, los aspectos difíciles en el momento de la muerte aparecen en la carta de los sobrevivientes, pues son ellos quienes deben soportar la pérdida y los cambios que ella les impone. En el momento de morir, el difunto estaba por lo general bajo aspectos suaves y benignos, indicativos de que el abandono del cuerpo no es un hecho tan traumático, sino el pasar fácilmente a otro reino.

Aun la muerte prematura, súbita o brutal, puede ser considerada como una curación, en cuanto el ser encarnado se ve libre de algo que, en el mejor de los casos, es una tarea difícil: vivir en el plano terrestre. Esotéricamente se considera que el suicidio y el asesinato son erróneos porque interrumpen de manera prematura el episodio kármico en desarrollo de un individuo, y no porque extingan una vida. La vida nunca se extingue ni se pierde en lo que llamamos muerte.

Un sabio amigo mío, que acaba de celebrar su centésimo cumpleaños, me dijo hace poco, sobre una noticia que acababa de escuchar: «Dicen que hoy perdieron la vida setenta y tres personas, en un accidente de aviación. ¿No saben que la vida no se puede perder? ¡Sólo se puede perder el cuerpo! Deberían decir que hoy perdieron *el cuerpo* setenta y tres personas.»

Sugerencias para ayudar a otros a curar

Quizá muchos de los lectores estén buscando la manera de curarse a sí mismos, pero otros tantos están profundamente dedicados a ser agentes de curación para el prójimo. Tal vez hayas descubierto que te resulta mucho más fácil soportar tus propios sufrimientos que presenciar el tormento de un ser querido. Frente a las dificultades ajenas todos necesitamos sugerencias que nos ayuden a evitar el sentimentalismo y a cultivar el desapego. Desapego no significa indiferencia. Más bien, es estar libre de necesidades con respecto a la persona y la situación. Cuando podemos dominar nuestra propia necesidad (egoísta) de aliviar la incomodidad que nos produce la situación del otro, podemos ofrecer amor a quien está en dificultades. Y el amor, como lo adivinó Barbara durante su experiencia de muerte clínica, no es un sentimiento ni una emoción, sino un profundo nivel de comprensión y aceptación. Nada favorece tanto la verdadera curación como una atmósfera de este tipo de amor tan elevado.

Por eso, para todos los que deseamos alcanzar el desapego necesario y convertirnos en agentes de curación, he aquí algunas sugerencias básicas. Para servir más efectivamente como sanadores debemos:

- Estar libres de necesidad.
- Reconocer que sólo somos agentes de la curación, no su Fuente.
- Resistirnos a ser glorificados por nuestra obra y nuestra capacidad de realizarla.
- Estar «espiritualmente desnudos» con la persona a la que tratamos de ayudar.
- Reconocer que pueden estar operando karmas familiares, grupales, raciales y planetarios.
- Aceptar que la gente sabe, inconscientemente, el motivo de su estado.
- Respetar el tiempo que requiere la transformación.

Examinemos ahora cada uno de estos puntos en mayor detalle.

ESTAR LIBRES DE NECESIDAD

Es preciso que no tengamos nada que ganar o perder con la recuperación del sufriente, nuestra capacidad de aliviar el sufrimiento o nuestra identidad como sanadores. Éstas son sólo necesidades egoístas que dificultan nuestra capacidad de estar junto al sufriente y hacer, con el amor que proviene del desapego, todo lo posible en beneficio de esa persona.

RECONOCER QUE SOMOS SÓLO AGENTES DE LA CURACIÓN, NO SU FUENTE

Paradójicamente, cuanto menos pongamos en juego en el hecho de «ser un sanador», más efectivos seremos como agentes. Toda curación proviene de lo Divino. No podemos saber qué tipo de curación necesita realmente una persona: si le hace falta una «cura» o apoyo para efectuar la transición fuera del cuerpo físico. Cuanto más abiertos estemos a la guía, más satisfaremos sus verdaderas necesidades.

RESISTIRNOS A QUE NOS GLORIFIQUEN POR NUESTRA OBRA Y NUESTRA CAPACIDAD DE REALIZARLA

La ministra y metafísica Catherine Ponder dice: «El trabajo es amor hecho visible.» Todo tipo de trabajo, realizado con amor, es una elevada vocación. La persona que se dedica a curar con amor no es más naturalmente excelsa que quien se dedica a realizar con amor cualquier otra tarea.

ESTAR «ESPIRITUALMENTE DESNUDOS» CON LA PERSONA A QUIEN TRATAMOS DE AYUDAR

No te ocultes tras falsas frases animosas, subterfugios o una actitud indiferente e impersonal. Ver los sufrimientos de otro pone a prueba la fe; debemos permitirnos el interés afectuoso sin necesidad de una respuesta o resultado específico. Es preciso respetar los cambios que nosotros también experimentamos al participar de los sufrimientos, la muerte o la recuperación física de otro.

RECONOCER QUE PUEDE HABER EN ACCIÓN KARMAS FAMILIARES, GRUPALES, RACIALES Y PLANETARIOS

Hasta cierto grado, estos karmas están siempre en acción, sumergiendo el destino personal dentro de un conjunto más amplio, con mayores implicaciones al desempeñar una parte en el despliegue de estos karmas mayores, toda vida individual sirve para que todo el grupo progrese.

ACEPTAR QUE LA GENTE SABE INCONSCIENTEMENTE EL MOTIVO DE SU ESTADO Y SE RESISTIRÁ A «PERDERLO» MIENTRAS NO HAYA CUMPLIDO CON SU FINALIDAD TRANSFORMADORA

Cuando tratamos de salvar a otro de una enfermedad o un problema, tal vez estamos dificultando sin advertirlo el motivo que esa persona tenía para encarnar: la iluminación que busca bajo la dirección del alma. Esto resulta un desafío aún mayor cuando la persona a la que deseamos ayudar es nuestro propio hijo. Respetemos el sendero del prójimo, el karma ajeno. Si presenciar las dificultades es demasiado penoso, somos nosotros mismos quienes necesitamos ayuda, para manejar mejor nuestros propios sufrimientos.

Como habitamos en el plano de la materia física densa, los verdaderos cambios se producen con lentitud. Aun cuando un efecto parece producirse de súbito, el individuo puede haber pasado vidas enteras preparándose para ello.

Una última sugerencia, que se aplica tanto a nuestra propia curación como a la ajena: confía en que estamos evolucionando.

En otras palabras: ten fe. Presta menos atención al informativo de la noche y más a lo mucho que la conciencia global se ha elevado en los últimos treinta años. Piensa en algunos conceptos que eran revolucionarios hace tres décadas: los derechos de las minorías, los derechos de la mujer, la protección del medio ambiente. Hoy son parte aceptada del sistema de valores que compartimos en nuestra cultura. Las cosas están cambiando para mejor: en lo global, lo internacional, lo cultural y lo personal. Si das un paso atrás para lograr alguna perspectiva, verás los cambios y sentirás cómo obran sobre todos nosotros.

Curación e iluminación

Tal vez a estas alturas, tras haber leído tanto sobre los efectos curativos del sufrimiento, te estés preguntando: «Pero ¿y la curación por la alegría?» Sin duda, todo el mundo, descontando a los más masoquistas, preferiría que la iluminación se lograra a través de alegres expansiones de conciencia en vez de lecciones de la adversidad. Entonces, ¿por qué el balance de nuestra experiencia parece verse más influido por los aspectos dolorosos que por los entusiastas? Esto se debe a que tendemos a recordar nuestros momentos de desgracia con mayor nitidez y durante más tiempo que los episodios de éxtasis. Compara esos momentos de dicha pasajera con los nubarrones de dolor, que parecen eternos. En la simbología astrológica, el planeta Saturno, conocido también como el Mayor Maléfico, es el maestro que nos fuerza a aprender las duras lecciones. Saturno se vincula también con Crono, o el Padre Tiempo. Así como la enseñanza y el aprendizaje requieren tiempo, la tribulación es mejor maestra que el deleite.

Sin embargo, alegría y sufrimiento no son tan contrarios como estados que existen en un mutuo contrapunto en espiral. La angustia lleva a la comprensión, la comprensión conduce al goce, el goce cura los efectos de la angustia que, a su vez, provoca la comprensión, y así sucesivamente. Si separamos la espiral en fragmentos, podríamos decir que la iluminación se logra gracias a la adversidad, mientras que la curación proviene de la alegría. De hecho, estamos unidos en un proceso general que nos permite a la vez recuperar el equilibrio y avanzar.

Este libro te ha presentado una redefinición del sanar que no está necesariamente ligada con el alivio o la cura de las dolencias físicas o psicológicas. Ahora bien, la curación se redefine aquí como un amplio proceso que supera los límites de la vida y la muerte, utilizando todas las experiencias para fomentar la comprensión y todas las adversidades para restaurar el equilibrio. Más aún: desde la perspectiva aquí presentada, cada ser humano en evolución se considera una parte diminuta, pero significativa y necesaria, del cuerpo entero de la humanidad, que es en sí una entidad en evolución. Esta evolución más amplia se produce cuando cada uno de nosotros aporta su creciente capacidad de retener luz.

En los seres humanos, esta capacidad se aumenta por obra de la mayor comprensión o conciencia: la iluminación. A medida que alcanzamos una mayor conciencia, cada uno de nuestros cuerpos energéticos (el físico/etérico, el emocional o astral y los mentales superior e inferior) refulgen con más potencia. Esta radiación incrementada se debe a que los pensamientos más elevados provocan un refinamiento de todos los grados de materia, ya sean densos o sutiles, creando más espacio entre las partículas. Este espacio entre las partículas se llena de luz.

Toda evolución involucra la capacidad de retener luz. La evolución de materia densa del plano físico es una de las tareas de los seres humanos encarnados. Efectuamos esta evolución a medida que nuestra conciencia creciente provoca el refinamiento de la materia celular, molecular y atómica del vehículo físico denso. Según logramos un mayor entendimiento con el alma, servimos como parte cada vez más consciente del puente que forma nuestra alma entre la materia física densa que habitamos y el Espíritu. Este Espíritu es nuestra Fuente, así como la Fuente de toda manifestación.

Esotéricamente se podría decir que todo ser humano encarnado está curando, en realidad, la restricción o limitación de la conciencia, impuesta cuando esa conciencia debe expresarse por medio de materia física densa. Así como hace falta un transformador eléctrico de mayor capacidad si se quiere tolerar y transmitir una carga de energía más grande, así debemos expandir la capacidad de la materia física para retener y transmitir cada vez una mayor cantidad de la Luz Universal disponible. Uno de nuestros objetivos, aquí en la Tierra, es llevar más conciencia a la materia física para redimirla, se podría decir.

Por lo tanto, cada vez que sufras algún trauma, adversidad o tragedia, cada vez que observes a otro en esos trances, pregúntate: «¡Servirá esta experiencia, en último término, para contribuir a una comprensión más profunda y, por lo tanto, a una mayor iluminación?»

Si te lo preguntas desde una perspectiva lo bastante amplia y con el suficiente desapego, tu respuesta será siempre sí.

Sí a la Vida.
Sí a esta vida tuya.
Sí a tus luchas, desilusiones y desafíos.
Sí a tus lecciones, oportunidades y victorias.
Sí a tu creciente y radiante fulgor.
Sí.

Epílogo

Estamos en el fin del milenio... y también en el fin de una Era que ha durado dos mil años. Según salimos del siglo XX para entrar en el XXI, de la Era de Piscis para entrar en la de Acuario, sobre nosotros operan poderosas fuerzas de cambio, en lo individual, en la humanidad como un todo y también en el planeta entero. Cada vez más, durante estas décadas de transición, vemos que se franquean, derriban o disuelven las barreras entre individuos, sociedades, razas y naciones. Entre las muchas fuerzas que trabajan para disolver estas barreras hay tres realidades globales.

En primer término, la superpoblación, con las consecuencias que la acompañan, entre ellas: la desaparición de los bosques y la vida silvestre, la creciente urbanización, la disminución de los recursos naturales, la contaminación ambiental y el recalentamiento del planeta. En la actualidad se nos presentan asuntos críticos que sólo un acuerdo del mundo entero puede atender. Cualquier entendimiento menor no puede efectuar los cambios necesarios para salvarnos y salvar a nuestro planeta.

En segundo lugar, las comunicaciones internacionales instantáneas reducen las distancias, tanto en sentido literal como figurado, entre nosotros y nuestros hermanos de todo el planeta. ¿Qué distancia puede haber entre Oriente y Occidente, entre los hemisferios norte y sur, si todos vemos las mismas transmisiones televisivas, seguimos las mismas tendencias de la moda y nos enteramos inmediatamente de las noticias y las crisis de otras naciones?

El tercer factor importante es la amenaza a la existencia de vida en este planeta, representada por la tecnología militar moderna. Aunque los intereses en conflicto continúan dividiendo a las naciones, el destino compartido como víctimas de cualquier confrontación global nos une en la esperanza de supervivencia personal.

Aunque el interés que tenemos en el bienestar del prójimo es mayormente egoísta, motivado por ideas tales como: «si el planeta sucumbe, yo también sucumbiré» o «sin ayuda económica ese país puede amenazar al mío con una extorsión nuclear», aun así se está progresando. A medida que las presiones exteriores continúen fomentando el desarrollo de las cualidades interiores positivas, con el tiempo se desarrollará una consideración carente de todo egoísmo. Es mediante esa presión exterior sobre la conciencia interna como obra la evolución espiritual en todas las Eras.

Una Era es un ciclo de unos dos mil años, aproximadamente. Durante cada uno de esos ciclos se desarrolla un gran tema en la conciencia de la humanidad, tema relacionado con el signo astrológico que gobierna el ciclo y del cual éste recibe su nombre. El tema para la Era de Acuario es la conciencia grupal; la simple declaración: «Todos estamos juntos en esto», expresa concisamente la lección que espera a la humanidad, una lección necesaria para nuestra evolución espiritual y también nuestra supervivencia física.

Ahora estamos entrando en la Era de Acuario. El signo de Acuario se relaciona con el orden social, los amigos, los grupos y, como hemos visto, con la conciencia grupal. En general, tomamos conciencia de que amanecía la Era de Acuario cuando oímos la letra de *Hair*, aquella comedia musical de los años sesenta. Desde entonces, el término *New*

Age o Nueva Era se ha vuelto común, aunque aún no se lo comprende bien.

Es difícil determinar con exactitud cuándo se inicia la Nueva Era o Era de Acuario, porque los signos zodiacales del cielo no tienen límites precisos. Una Era es determinada por el signo astrológico en el que aparece la Estrella Polar en el momento del equinoccio. Por un período de dos mil años, aproximadamente, la Estrella Polar aparece en un signo dado y actúa como transmisor hacia la Tierra de las emanaciones energéticas especiales producidas por ese grupo de estrellas interrelacionadas. Pasamos de una Era a la siguiente a medida que la Estrella Polar pasa lentamente de un signo zodiacal hacia otro. Algunos astrólogos aseguran que la Nueva Era se inició ya en la década de 1850. Otros dicen que no comienza hasta bien entrado el siglo XXI. Muchos aceptan el año 2000 como punto coyuntural aproximado. Y todos están de acuerdo en que, decididamente, en estos momentos estamos en las convulsiones de la transición.

La Era de Piscis, también conocida como Era de la Fe, está llegando a su fin. En gran parte del mundo, durante estos últimos dos mil años las religiones organizadas han detentado una posición importante en la vida individual, a un punto que a muchos nos parece hoy inconcebible. El objetivo de esta Era ha sido la transformación personal o la salvación mediante la devoción a una deidad distante: principalmente, Buda en Oriente y Jesucristo en Occidente. Estos dos grandes Seres corporizaron y enseñaron la lección global de la Era: la compasión. Un Salvador que oró pidiendo perdón por los mismos que lo crucificaban nos exhorta a amar tanto a nuestros enemigos como a nuestros amigos. El cínico refrán: «Jesús nos dio la piedad; los griegos, todo lo demás», reconoce cuando menos que, en verdad, impartió bien esta lección. Compasión, bondad y paciencia eran las piedras basales que Buda destacaba en todas sus enseñanzas sobre el vivir correctamente y hallar la salvación, librándose de futuras reencarnaciones.

Si estos dos mil años de guerras, barbarie, persecución religiosa y genocidio, incluidos los horrores recientes del Holocausto y Vietnam, indican que aún tenemos mucho camino por recorrer en el aprendizaje de la compasión, recordemos esto: hoy son muchos los que, natural y automáticamente, expresan el mismo tipo de compasión que antes era un ideal revolucionario y casi incomprensible. Hoy en día no nos sorprende la presencia de la compasión, sino su falta. Casi todos reconocemos, cuando menos, el dolor y el sufrimiento ajenos; muchas personas realizan enormes sacrificios personales a fin de aliviar el sufrimiento de otros, con quienes poco tienen en común, aparte de la humanidad compartida. Aunque no todos hayamos aprendido esto de la compasión, muchos la aprendimos bien. El Tibetano predijo que, hacia fines de la Era de Piscis, la expresión de la compasión llegaría a ser exagerada. ¿Acaso no es exagerar la compasión (hacer por otros lo que ellos podrían hacer por sí solos) lo que caracteriza a muchos coalcohólicos o codependientes, que se encuentran en una importante relación con un adicto? ¿No es ésa una falla muy común entre los padres de hoy, así como entre muchos miembros de las profesiones asistenciales? Ahora algunos debemos aprender a atemperar nuestra compasión exagerada con los rasgos acuarianos, igualmente espirituales, del desapego y la impersonalidad, aprendiendo a respetar la responsabilidad que cada individuo tiene sobre su propio sitio en el Camino.

Así como la Era de Piscis ha sido llamada también la Era de la Fe, así la Era de Acuario se conoce bajo el nombre de Era del Hombre, no por el sexo masculino, sino porque este ciclo verá florecer la capacidad humana de la creación. Según logremos un mayor dominio de nuestras facultades mentales y emocionales, según aprendamos a trabajar juntos en concierto espiritual, crearemos a conciencia los reinos emocional y mental en que habitamos, así como hoy construimos nuestro ambiente físico.

Todo el énfasis acuariano sobre la conciencia grupal se

equilibra, de algún modo, por la enérgica influencia de Leo, el signo que ahora adquiere prominencia debido a su oposición con respecto a Acuario. Leo insta a la independencia y la individualidad, a la responsabilidad personal por todos los actos. Estos dos opuestos, Acuario y Leo a la vez, nos guían hacia una mayor sensibilidad para con el bienestar del grupo, pero exigiendo que, como individuos, sepamos valernos solos. ¡Qué rumbo poderoso y esperanzado el de la humanidad, en la Era inminente!

En este planeta que no deja de empequeñecerse, cada uno de nosotros es ahora, como nunca antes, el guardián de su hermano. Por primera vez, grandes cantidades de personas en todo el mundo son psicológicamente astutas; tienen conciencia de los sentimientos, la conducta y las motivaciones, propios y ajenos. Al mismo tiempo nos afinamos psíquicamente, nos sintonizamos mutuamente y captamos otras dimensiones de existencia. Se acerca el momento en que ya no podrá existir el aislamiento actual de «mi pérdida», «tu necesidad», «el dolor de aquél», «el hambre de aquélla». Cada uno sentirá más y más la carga del otro; es de esperar que se muestre dispuesto a ayudar con el peso, reconociendo que es también la propia carga. Las bellas enseñanzas de la Era Pisciana (amor, sensibilidad, compasión y perdón) nos serán muy útiles para aprender a ofrecerlos, no sólo a los hermanos que tenemos cerca, sino a todos los demás, al cuerpo entero de la humanidad, de la que formamos parte.